知的生きかた文庫

日本全国　ご当地おもしろ雑学

幸運社　編

三笠書房

はじめに

鉄道を使った旅行の楽しみのひとつに、駅弁があるでしょう。

たとえば、「いかめし」（函館本線・森駅）、「仙台名物　牛たん弁当」（仙台駅）、「ますのすし」（富山駅）、「讃岐名物　あなご飯」（高松駅）……。どれもおいしそうですね！

旅先では、ちょうどお祭りに遭遇するかもしれません。

「よさこい祭り」（高知市）や「阿波おどり」（徳島市）は、いまや全国区に広がりました。山車灯籠が大迫力の「ねぶた祭」（青森市）と「ねぷたまつり」（弘前市）、名前が似ていますが、どちらも睡魔をはらう行事「ねむりながし」が語源とか。

お土産には、地元ならではのものを楽しい思い出と一緒に選んでみましょう。

たとえば、「信玄餅」（山梨県）、「赤福」（三重県）、「坊ちゃん団子」（愛媛県）はどうでしょうか。その土地に対する郷土愛が伝わってくるようです。

飲食チェーンやよく似た大型商業施設が全国津々浦々に浸透して、何となく均一化が進んでいるように感じることはないでしょうか。

しかし、日本全国のご当地には、独自の魅力が今も息づいているのです。

ある土地では「当たり前」と思われている習慣も、別の土地では驚きをもって、捉えられるかもしれません。

本書は、そんな楽しい、おもしろい発見のきっかけになる雑学を集めてみました。

食べ物、お祭り、県民性、ご当地の名物や名所、それに産業や地理など、いろいろな観点から楽しめる構成になっています。

雑談のちょっとしたネタとしても活用できますし、知っておきたい教養も身につくことでしょう。

色とりどりの「ご当地おもしろ雑学」の旅を楽しんでいただければ幸いです。

幸運社

◎目次

第1章　食べ物のご当地おもしろ雑学

第2章 お祭りや風習のご当地おもしろ雑学

第3章 県民性のご当地おもしろ雑学

第4章 名物のご当地おもしろ雑学

第5章　社寺や名所のご当地おもしろ雑学

第6章 産業やお金のご当地おもしろ雑学

第7章
地理のご当地おもしろ雑学

本文イラスト／ＢＯＯＬＡＢ．
執筆協力／水野秀樹（みなかみ舎）
本文ＤＴＰ／株式会社Ｓｕｎ Ｆｕｅｒｚａ

第1章 食べ物のご当地おもしろ雑学

「餃子の街」の王座を射止めるのは？

「『餃子の街』といえばどこをイメージしますか」というある調査で、１位になったのが栃木県宇都宮市です。「一世帯あたりの年間購入額」といった統計で上位にランクされる常連で、何度もトップの座についています。

市内には２００軒もの餃子店があり、なかには「メニューは餃子だけ」という店舗も。ＪＲ宇都宮駅には、**ビーナスが餃子の皮をまとった「餃子像」**が置かれているくらいですから、餃子愛にあふれた街といえるでしょう。

宇都宮の餃子は、白菜やキャベツが多く使われる一方、ニラは少なめ、そして皮が厚めというのが特徴。その始まりは、第二次世界大戦後、中国の東北地方から帰国した兵士がつくったことだとか。いわば、戦後に誕生した郷土料理です。

その**宇都宮の一人勝ち（？）に「待った」をかけたのが静岡県浜松市**です。餃子の購入額で宇都宮市とのトップ争いを演じ、1位に輝くこともしばしば。浜松の餃子は短時間で焼き上げるため、ジューシーに仕上がっているほか、地元産の豚肉やキャベツが使われ、ゆでたモヤシが添えられるのも特徴のひとつ。また、その店ならではのタレやラー油が用意されているのも浜松の餃子の強みで、食べ歩きも食べ比べも楽しめそうです。

ところで、長く続いた「宇都宮市vs.浜松市『餃子の街』争い」に割って入り、さらに首位の座まで射止めたのが**宮崎市**でした。あれよあれよという間に上位に進出し、さらには連覇も果たすほどの勢いです。宮崎県は畜産県であると同時に、日照時間の長さを生かした野菜の生産が盛んです。

とくに宮崎県産のニラは栄養価が高く、新鮮なうちに使われるため、餃子で重要な役割を担っているといえるでしょう。

この先しばらくは**「宇都宮・浜松・宮崎」での三つ巴《どもえ》の争い**が続きそうです。

日本三大ラーメン――札幌・喜多方・博多

「ラーメンといえば北海道！」という人も多いでしょう。たしかに「札幌・みそ」「旭川・醤油」「函館・塩」という、定番の3つの味のラーメンが味わえます。

さらに「釧路・魚介系の醤油」が名のりをあげれば、「室蘭・カレーラーメン」も参戦して、昨今は「北海道五大ラーメン」が熱い闘いを展開しています。

でも、**「日本三大ラーメン」に含まれているのは「札幌」だけ**で、残りの2つには**「福島県・喜多方《きたかた》ラーメン」**と**「福岡県・博多ラーメン」**が選ばれています。

喜多方ラーメンは、会津地方北部の喜多方市の名物。ラーメンだけでなく、蔵が多く建ち並ぶ街並みを楽しめることから「蔵の街」としても知られています。

醤油味の透明な豚骨スープが基本で、あっさりした味わい。麺は「平打ち熟成多加水麺」と呼ばれ、幅は約4ミリの太麺で、独特の縮れがあります。ラーメンの特徴としては、チャーシューが大きく、量も多いのですが、それ以外は、ネギ、メンマ、ナルト……といわゆる昔ながらのオーソドックスな具。にもかかわらず、三大ラーメンに名を連ねるのは、やはりおいしいからにほかなりません。

三大ラーメンの最後は、すでに全国区となっている「とんこつラーメン」の代表ともいうべき博多ラーメン。そのルーツを探ると、これまた諸説紛々。最も古いとされるのが、1937年(昭和12年)に長崎県出身の宮本時男氏が、久留米でラーメン店を開業したときに、当時、横浜市で流行していた、いわゆる中華そばと、自身の出身地の名物「長崎ちゃんぽん」のスープをアレンジしたという説です。

博多ラーメンの麺の特徴は、麺が細くてまっすぐな点です。麺が細いため、スープがよく絡んで味わえるのも魅力のひとつ。また、短時間で茹で上がることから、超のつくほど忙しいお客さんに歓迎されたといいます。

お店で注文すると、麺の硬さを尋ねられるのも博多ラーメンならではでしょう。お客さんの選択肢は基本的に「カタ」「普通」「ヤワ」ですが、なかには「バリカタ」「バリヤワ」と答えるお客さんもいるそうです。

ちなみに、三大ラーメンのすべてが「屋台から始まった」といわれています。

日本三大うどん――稲庭、讃岐、あと一枠は？

「日本三大〇〇〇」のひとつが自分の暮らす街や都道府県内にあれば、誇らしくなります。それほど郷土愛が深い人でなくても、自慢したくなるでしょう。

そんな思いからか、「日本三大うどん」に数えられるものが五つもあるのです。

正確にいえば、二枠は「当選」で、最後の一枠をめぐって三つが争っているとか。

「当選」は**秋田県の稲庭《いなにわ》うどん**と、**香川県の讃岐《さぬき》うどん**。

稲庭うどんは、300年以上の歴史をもつ、いわば「伝統的食文化」。特色は、小麦粉と水と塩を混ぜてこねた生地を、竿《さお》にかけて延ばす「手延べ製法」です。

もともとは冬の保存食としてつくられたため、干して麺を乾燥させます。江戸時代には秋田藩に納められたほか、他藩への贈り物としても重宝されたそうです。

讃岐うどんは、なめらかな舌ざわりと、やわらかいのにコシがある麺が特徴。

「香川県の人は、一日三食のうち少なくとも一食はうどん」といわれるほどで、うどん愛に満ちあふれた県といえます。

最後の一枠は**「群馬県の水沢うどん」「富山県の氷見《ひみ》うどん」「長崎県の五島うどん」**の争いのようです。

まず、水沢うどんは、渋川市伊香保町の特産品。その歴史は飛鳥時代にまでさかのぼり、水澤寺《みずさわでら》の創建に尽力した高麗の渡来僧がうどん作りを伝授したのがルーツ。その後、水澤寺の参拝客や伊香保温泉の湯治《とうじ》客の人気を集めたと伝えられ、つるつるとしたのどごしとコシの強さが特徴です。

江戸時代には加賀藩御用達とされていた由緒正しきうどんが氷見うどん。氷見市周辺の郷土料理として、市民はもちろん、観光客にも人気です。ルーツは、お隣の石川県の「輪島のそうめん」だったとされています。

細麺なのに強いコシがあり、椿油《つばきあぶら》を塗って熟成するのが特徴という五島うどん。その起源に「遣唐使が中国大陸で製法を学び、この地に伝えた」という説があり、真実なら千年以上も昔からつくられていることになります。

さて、この最後の一枠をめぐる勝負の行方、気になりますね。

日本三大和牛——海外でも人気の高級肉

「三大和牛」という呼び方がいつからされたのかは不明で、「三大銘柄牛」ともいわれます。公式な決まりがなく、選定にはいろいろな考え方があります。

一般的には、**松阪牛、神戸牛、近江牛、米沢牛**のうちの三種を入れています。たとえば①松阪牛、神戸牛、近江牛、②松阪牛、神戸牛、米沢牛といった組み合わせです。

まず、「松阪牛」は霜降り肉になっているのが特徴で、「肉の芸術品」と呼ばれるほどです。「まつさか『ぎゅう』」ではなく、しばしば「まつさか『うし』」と呼ばれています。じつは「品種としての呼称」ではなく、全国各地から高級銘柄の黒毛和種子牛を買い入れ、三重県松阪市やその近郊で肥育された牛です。

兵庫県で生産された但馬牛の中で一定の基準を満たすものが「神戸牛」とされ、

「神戸肉」「神戸ビーフ」とも呼ばれます。海外でも「KOBE　BEEF」ブランドは有名で、日本で食べたい料理のひとつという海外からの観光客も多いそうです。

戦国時代から400年以上の歴史をもつ「近江牛」。江戸時代には、干し肉に加工された牛肉が、彦根藩から将軍家に献上されていました。ほかの銘柄牛が「限られた地域」であるのに対して、滋賀県全体で生産されているのも近江牛の特色です。

山形県の置賜《おきたま》地方と呼ばれる米沢市周辺で飼育されているのが「米沢牛」。どの牛でもいいわけではなく、銘柄推進協議会が認定した飼育者が、限られたエリアで一定の期間以上継続して飼育し、さらに一定の基準を満たした場合だけ認められる銘柄。厳しい条件をクリアしてはじめて「米沢牛」を名のれるというわけです。

また、宮崎牛や前沢牛（岩手県）、飛騨牛（岐阜県）、佐賀牛などは各地方で基準を設けて「ブランド牛」という呼び名で広く親しまれています。とくに「宮崎牛」は国際線のファーストクラスの機内食やアカデミー賞の授賞式パーティで提供されるなど、世界的にも注目を集めています。

日本一、牛肉をよく食べる県民は？

江戸時代の終わりまで、日本人が積極的に牛肉や豚肉を食べることはありませんでした。動物性タンパク質は、主に魚から摂取していたわけです。

明治になってから、外国と本格的な交易が始まり、さまざまなものが日本に入ってきました。「食文化」もそのひとつでしょう。

西洋では、牛肉をステーキで食べることが一般的でしたが、明治初期の日本人は**「すき焼き」**を生み出し、当時、敬遠されがちだった牛肉が多くの人たちに広まりました。今では、日本人の食生活に牛肉がすっかりなじんでいます。

ちなみに「すき焼き」といっても、関東風と関西風とでは違いがあり、一般的に、関東風は「割り下を使い、焼くというよりも煮る料理」。関西風は、まさに「焼く料理」です。ただし、溶き卵をつけて食べるのは共通しています。

総務省統計局の家計調査によると、2022年（令和4年）に国民一人あたりが年間およそ2・4キロの牛肉を食べているそうです。都道府県別で1位は大分県の約4・6キロで、金額にして1万3500円ほど。2位は京都府の約4・3キロ、3位は和歌山県の約4・2キロと続きます。

以下、奈良県、三重県、大阪府、兵庫県、山口県、徳島県、福岡県までがトップ10入りを果たしています。

和歌山、奈良、三重の三県は、有名な**松阪牛**の産地に近く、大阪、兵庫も、やはり、よく知られる**神戸牛**の産地に近いことから「地の利があった」といえるかもしれません。

一方、牛肉を食べる量が最も少なかったのは宮城県で、1キロに満たず、金額は3500円以下でした。少ないほうの2位は新潟県の約1キロで、3位は岩手県の約1・2キロ。以下、長野県、福島県、群馬県、北海道、埼玉県、茨城県、静岡県と続きます。

お気づきでしょうが、牛肉を食べる量は、まさに**「西高東低」**となっています。

おいしい鶏肉のご当地はどこ？

日本全国の居酒屋で、定番中の定番メニューといえば「やきとり」でしょう。タレか塩かの好みはあっても、「やきとりで一杯」の愛好者は少なくないはず。

おいしい鶏といえば、まず秋田県の**「比内地鶏《ひないじどり》」**があげられます。

もともと秋田県には、風味はよくても成長が遅く、繁殖率が悪いうえに病気にもかかりやすいという性質をもった「比内鶏」が県北部にいました。ところが明治以降、その数が激減、昭和には絶滅寸前になったため国の天然記念物に指定されました。

そこで尽力したのが秋田県畜産試験場でした。研究・改良を続け、ついに比内鶏とロードアイランドレッドという鶏をかけあわせ「比内地鶏」を開発したのです。

加熱しても肉が固くならず、肉の味が濃厚という、やきとり好きにはたまらない一品は比内地鶏だからこそ。ちなみに、居酒屋のメニューでは、「比内鶏」ではなく「比内〝地〟鶏」となっているはずです。

続いては**名古屋コーチン**。江戸時代に、現在の愛知県西部を治めていたのは尾張藩でしたが、明治維新で武士たちは失業状態になりました。元藩士たちのなかには鶏の飼育に活路を見出す人がいて、名古屋コーチンを生み出したと伝えられています。国産実用品種第一号の名誉ある鶏で、養鶏産業の発展にも貢献しました。

弾力性のある肉質は、食べると歯ごたえ十分。抜群のコクとうまみがあり、やきとりのほか、味噌鍋などの料理にも合います。

さて、鹿児島県で「特産の肉」というと「かごしま黒豚」という豚肉が有名ですが、鶏肉も負けてはいません。江戸時代から飼われてきた「薩摩しゃも」あるいは「薩摩鶏」と呼ばれる鶏を改良して誕生したのが**「さつま地鶏」**です。コクのあるうまみと、ほどよい歯ごたえが自慢。じつは国指定天然記念物の「薩摩鶏」もいますが、闘鶏の一種で、現在は観賞用として飼育されています。

3つの鶏肉を食べ比べてみるのも楽しみでしょう。

全国の名物駅弁が集合！　東日本編

鉄道旅の楽しみのひとつが「駅弁」でしょう。デパートやスーパー、駅の構内などでも「駅弁祭」が開かれ、「お取り寄せ」ができるものもありますが、やはり「現地」で食べる駅弁は格別です。人気投票で上位にランクされる駅弁を紹介します。

まずは北海道で、**函館本線・森駅の「いかめし」**。太平洋戦争中、食糧不足に陥った時代に、沿岸で獲れるイカに米を詰めて砂糖醤油で煮たところ、水分を吸収した米がふくらみ、少しの米でもおなかがいっぱいになったことから商品化されたのが始まりです。続いて、**根室本線・厚岸駅の「かきめし」**。こちらも北海道を代表する駅弁ですが、そのルーツは食堂の「まかない飯」だったそうです。

東北地方最大の都市が宮城県仙台市。交通の要衝である仙台駅は、ＪＲの東北新幹線、東北本線、仙山線、仙石線などのほか、仙台市地下鉄の東西線、南北線の駅でもあり、大勢の人でにぎわいます。

となると、駅で売られている駅弁の種類も豊富で、いわば「駅弁激戦区」です。流行りや季節限定商品もあり、数そのものは一定しませんが、30種類以上という時期もあるとか。そのなかでも人気なのが**「仙台名物牛たん弁当」**。ひもを引くと温まる「加熱式弁当」で、特製塩ダレの厚い牛たんをおいしくいただけます。ごはん（宮城県産ひとめぼれ）との相性もぴったりです。

奥羽本線・山形新幹線の米沢駅は、米坂線の起点でもあります。人気駅弁の**「牛肉どまん中」**は、特製のタレで味付けした牛そぼろと牛肉煮が載ったボリューム満点の駅弁。ごはんは山形県産のブランド米「どまんなか」ですから、山形尽くしといえます。山形新幹線開業に合わせて開発され、福島駅や赤湯駅でも販売されているほか、日本各地の「駅弁祭」でも人気となっています。

信越本線・上越新幹線の新潟駅では「えび千両ちらし」が不動の人気。厚焼き玉子の下に、うなぎ、こはだ、イカ、えびが隠れていて、ワクワク感満載です。「JR東日本　駅弁味の陣」では駅弁大将軍に選ばれています。

おぎのや（荻野屋）の**「峠の釜めし」**は1958年（昭和33年）に誕生しました。

信越本線の横川駅で販売が始まりました。容器の益子焼は保温性が高く、当時としては珍しい「温かい駅弁」が食べられると評判になりました。益子焼は栃木県の陶器ですが、誕生秘話があります。ある窯元が弁当用の益子焼を作ったのですが、重さがわざわいして売行きは不調。各地の弁当業者に当たっても、なかなか話がまとまらないなか、偶然、出会ったのが荻野屋でした。以来、60年以上にわたるビジネスパートナーとなっています。高崎名物**「だるま弁当」**や**「鳥めし弁当」**とともに、群馬を代表する駅弁です。

新横浜から新幹線に乗って、神奈川から西へと向かう人たちのなかには「シウマイ弁当が旅の友」という人もいるでしょう。製造・販売元の崎陽軒《きようけん》は明治の終わりに駅の売店として開業し、シウマイは1928年（昭和3年）に、シウマイ弁当は1954年（昭和29年）に、それぞれ販売開始されています。表記は「シュウマイ」でも「シューマイ」でもなく**「シウマイ弁当」**で、一説には「日本で最も多く製造・販売されている駅弁」といわれています。

ちなみに、佐賀県の鳥栖《とす》駅には**「焼麦弁当」**というシュウマイの入った中央軒の駅弁があるのですが、こちらの「焼麦」は「シャオマイ」と発音しています。

全国の名物駅弁が集合！　西日本編

富山駅の「ますのすし」は、富山県を代表する駅弁のひとつ。まずは包装を解くところから始まり、箱を開けると鮮やかな緑色の笹の葉が見えて、それをめくるとピンク色の「ます」が姿を現わします。

伝統食としてのます寿司の歴史をさかのぼると、なんと平安時代に献上品とされたという話もあります。その場で食べてもおいしいし、消費期限を守れるのなら、お土産品にしても喜ばれます。

富山駅は北陸新幹線の駅であり、高山本線の終点であると同時に「あいの風とやま鉄道」が乗り入れています。

インパクトのあるタコつぼ風の容器に醬油味のごはんが詰められ、タコ、穴子、季節の野菜などが盛り付けられた駅弁が**「ひっぱりだこ飯」**。1998年（平成10

年）の明石海峡大橋の開通を記念して発売されて以来、西明石駅の人気駅弁となっています。西明石駅は兵庫県明石市にある山陽本線と山陽新幹線の駅です。

「明石のたこ」は味の良さに定評があり、水揚げ量も日本有数を誇ります。それというのも、明石海峡は潮流が速く、筋肉質、つまり歯ごたえのある引き締まったタコになるのが理由のひとつ。また、明石海峡には、タコのエサのメガロパと呼ばれるカニ類が多いのも理由です。

駅弁ではありませんが、明石の郷土料理のひとつに**「明石焼」**があります。小麦粉とじん粉、玉子とだし汁を混ぜた生地にタコを入れて焼き、つけ汁につけて食べる料理。「たこ焼き」というよりも「玉子焼き」に近い感じで、事実、地元では「玉子焼」と呼ばれています。明石焼がたこ焼きと大きく異なるのが、かつおや昆布のだし汁につけて食べること。明石のソウルフードになっています。

香川県の高松駅の人気駅弁が**「讃岐名物　あなご飯」**。高松駅は、現在では数少ない夜行列車となった「寝台特急サンライズ瀬戸」の起終点でもあります。

讃岐うどんでおなじみの、いりこだしをベースにした味付けご飯の上に、焼きあなごと刻みあなごがのせられています。煮物としょうゆ豆が付け合わせになっていて、シンプルにして美味。その名に違わず、あなご飯を満喫できる内容です。

前の項目（東日本編）の最後で触れた「焼麦弁当」が販売されている、佐賀県の鳥栖駅では**「かしわめし」**も人気の駅弁です。

鶏のスープの炊込みごはんに、鶏肉と玉子と刻み海苔があしらわれ、見た目からしておいしそう。「鶏肉もおいしいが、ごはんはそれ以上」という声も少なくないようです。

九州地方では鶏肉のことを「かしわ」と呼び、炊いたごはんに、かしわや具材を煮詰めたものを混ぜた郷土料理が「かしわめし」。お祭りやお祝いごと、あるいは、おめでたい行事といった「ハレの日」にふるまわれることも多い「かしわめし」が駅弁になったのですから、おいしく楽しくいただけること請け合いでしょう。

ちなみに鶏肉は、貧血予防になる鉄分、免疫機能向上に寄与する亜鉛、さらに、リン、セレンなどのミネラルが豊富で、健康にいい食材とされ、大いに注目されています。となれば、まさに旅の疲れを吹き飛ばしてくれそうな栄養満点の駅弁ではありませんか。

「吉田のうどん」はなぜコシが強いのか

日本各地にいろいろな「うどん」がありますが、山梨県富士吉田市の「吉田のうどん」は驚くほど硬くてコシの強い太麺で、しっかり噛まなければならないのが特徴です。

富士山北麓の富士吉田市は冷涼な気候で、その土壌は、富士山からの溶岩や火山灰に覆われているため、稲の栽培には向いていませんでした。そこで、小麦や大麦、そばなどが栽培され、粉物が食生活になじんでいました。

昭和初期、このあたりでは繊維業が盛んでした。そうした家では、昼食時に、織物作業の女性の手が止まらないように、また、織物を扱う女性の手が荒れては困ると、男性がうどんを作るようになったそうです。男性たちは**腹持ちのいいうどんにするために力強く練り、歯ごたえとコシが特徴になった**そうです。

信州の野沢菜の意外なルーツ

信州の野沢菜は、高菜、広島菜とともに、日本三大漬菜のひとつに数えられています。長野県を代表する食材で、やはり信州名物の「おやき」の具として使われたり、和風パスタやチャーハンで重宝されたり、ごま油で炒めるだけでもおいしく食べられたりと、活躍の場はさまざま。

しかし野沢菜の真骨頂といえば、やはり野沢菜漬けでしょう。

スーパーなどでも販売されて広く知られていますが、あの青々とした野沢菜は「浅漬け」と呼ばれ、お茶漬けにすれば、見るからにおいしそうです。

ところが、地元の人たちは、べっ甲色の野沢菜漬けを好むそうです。「本漬け」とか「古漬け」と呼ばれ、浅漬けよりもじっくりと、およそひと月以上をかけて漬け込むため、深い味わいが生まれます。ちなみに、べっ甲色になるのは乳酸発酵によるものです。

その野沢菜について、「じつは京都の出身だった！」という話があります。

時は江戸時代、野沢温泉村・健命寺の僧が**京都に遊学した折、関西近辺で栽培されていた「天王寺蕪《かぶ》」の種子を持ち帰って栽培した**ことが始まりとされています。

ところが、京都から信州北東部に持ってこられた天王寺蕪は、土壌の違いか、気候の差か、肝心の蕪の部分が育たず、葉と茎ばかりの菜になってしまいました。

それでも、人類のあくなき探求心なのか、とめどない食欲なのか「漬物にすれば食べられる、しかもおいしい」となり、以来、野沢菜は「野沢菜漬けの材料」として不動の地位を確立。さらに、その勢力範囲を広げ、パスタやチャーハン、お茶漬けの領域にまで進出しているというわけです。

野沢温泉村は、明治22年（１８８９年）に豊郷村として発足、昭和28年（１９５３年）に現在の村名に改称。編入や合併を繰り返しながらも、平成の大合併をものともせず現在に至っているのですから、まさに「野沢菜魂」とでも呼ぶべきものでしょう。

種類別　お酒好きな県民ランキング

ひと口に「酒好き」といっても、ビール好きもいれば日本酒党もいます。そこで種類別に都道府県の県民性を探ってみましょう。

「とりあえずビール」からで、人口10万人あたり（当然、20歳以上の消費量）のランキングです。

一番のビール好きは東京都民で、以下、大阪、京都、北海道と続きます。4位までは「都・道・府」が独占。「県」のトップとなったのは富山で、6位以下は、高知、石川、山梨、新潟、岩手がトップ10入りです。

これが**日本酒となると、日本海側に位置する新潟県、秋田県、山形県がトップ3**です。じつはこの3県、鉄道なら羽越《うえつ》本線で、道路なら国道7号線で結ばれた、いわば「日本酒ベルト」です。

なお、日本酒の生産量を見ると、兵庫県と京都府が二強で、3位以下をグンと引き離しています。ちなみに生産量の3位は新潟県ですから「酒造りも盛んで、飲むのも好き」といえそうですね。

焼酎には、芋、麦、米、黒糖など、さまざまな種類があり、好みもあるとは思いますが、ここでは「焼酎」でまとめてみましょう。

トップ5は、鹿児島県、宮崎県、大分県、熊本県、そして沖縄県の順。九州勢が並ぶのは予想通りでしょうか。「沖縄の焼酎って何?」という疑問がわくかもしれませんが、「泡盛」は焼酎のカテゴリに分類されます。

締めくくりはウイスキー。やはり人口10万人あたり(20歳以上)の消費量のデータで、**第1位は山梨県**で、以下、東京都、宮城県、大阪府、福岡県、青森県、北海道、秋田県、福島県、山形県がトップ10。

ウイスキーの生産量では、ダントツの山梨県以外は、消費量との顔ぶれがガラリと変わります。千葉県、栃木県、静岡県、兵庫県がトップ5。かつて日本のウイスキー造りに取り組んだ夫婦の物語が北海道を舞台にドラマ化されたので「日本一は北海道」と思う人がいるかもしれませんが、トップ10に入っていません。

ボリューム満点のお寿司対決！

和歌山県と聞けば、温暖な気候、紀伊半島と目の前に広がる太平洋と漁業、南紀の白浜《しらはま》温泉・串本《くしもと》温泉、そして、ミカンや柿などのフルーツを思い浮かべる人も多いでしょう。

しかし、県の東部の紀伊山地では林業も盛んで、山に入って木を伐り、炭を焼く仕事に従事する人たちも大勢います。朝から晩まで山で働くとなれば、当然、お昼の弁当が必要となり、そこで生まれたのが**「目はり寿司」**です。

高菜漬けの茎をこまかく刻んで、おにぎりの具にし、それを高菜漬けの葉でくるんだ、要するに**高菜おにぎり**。ただし、**驚くのはその大きさで、およそソフトボールくらい**はあります。力仕事をする人にとって、食はまさにエネルギー源ですから、巨大になったのでしょう。おにぎりなら、手っ取り早く食べられますし、弁当箱を持ち帰る必要もないという便利さもあり、のちには名物料理の仲間入りを果たしました。周辺の三重県や奈良県でも人気になっています。

ただし、お店で出される一般客向けの目はり寿司は、誰もが食べやすいように、ひとまわりほど小さいサイズになっているようです。

さて、ボリュームで負けていないのが静岡県の**「げんなり寿司」**。東伊豆町稲取《いなとり》に伝わる郷土料理で、キンメダイで作った紅と白のそぼろをのせた押し寿司です。結婚式や成人の日、七五三など、お祝いの席でふるまわれます。

「二個組の押し寿司」というだけなら、それほど珍しいものではありませんが、**ひとつの寿司に使われるごはんの量がおよそお茶碗二杯分**と聞けば、耳を疑うでしょう。ひとつだけでおなかがいっぱいになり、**「げんなりする」（飽き飽きする）**という方言から名づけられたと伝えられています。

東伊豆には稲取温泉や熱川温泉があり、また春になれば大勢の観光客が押し寄せる河津桜もさほど遠くないところにあります。

温泉や観光地めぐり、名物料理の食べくらべ……と楽しい対決になりそうな「和歌山vs.静岡」。さて、まずはどちらに行ってみますか。

関東と関西　味の違いはなぜできた？

「お取り寄せ」や「ふるさと納税」のおかげで、自宅に居ながらにして日本各地の名物・名産品を味わえるようになりました。もちろん、旅先でいただくのが一番ですが、お手軽なのはうれしい話です。「ところ変われば味変わる」で、しばしば取り上げられるのが、関東と関西との味の違い。**関東はかつおだしが好まれるのに対して、関西は昆布だしが主流。醤油も関東は濃い口、関西は薄口と対照的です。**

では、関東と関西との境目はどこかといえば、日本海側から太平洋側にかけて、ほぼ南北に並ぶ**「石川・富山・福井・岐阜・京都・滋賀・三重・愛知の府県」**。もっとも、そのエリアがいわば境界ゾーンで、厳密な境界線というわけではありません。また、隣接する府県も影響を受けていて「グレーゾーン」となっています。

俗に「関西は上品な公家文化だから薄味、関東は剛毅な武家文化だから濃い味」

といわれることがあります。でも、関西人がすべてお公家さんというわけではありませんし、関東人が皆、武士だったはずもありません。味の薄い・濃いの差は、製造した業者、つまり供給元にあったと考えたほうが合理的でしょう。

たとえば、江戸時代に醤油の製造が盛んだったのが**播磨国・龍野**（現在の兵庫県たつの市）で、播磨平野の小麦や米、山裾でとれる大豆、赤穂の塩、鉄分の少ない軟水である揖保《いぼ》川の水を利用して「淡口《うすくち》醤油」が生まれました。

一方、当時の関東では醤油がつくられておらず、関西から醤油を輸送していましたが、その後、**下総国《しもうさのくに》（現在の千葉県）の野田や銚子**が醤油づくりに適した気候風土であるとわかります。関東平野で原料となる大豆、小麦が生産され、江戸川・利根川の水を利用して醤油の製造を開始しましたが、関西の水と比べて水の硬度が高く「濃口醤油」に。ところが、一大消費地だった江戸の庶民の多くが汗水たらして働く職人や労働者だったため、かえって味の濃い醤油は人気となったのです。

時代が下って現在も、「だし」と「醤油」の境目は、ほぼ同じ府県です。ちなみに、駅のホームなどの「立ち食いそば・うどん」を食べると、味の違いがわかるとか。ただ、名古屋駅ではそば・うどんではなく「立ち食いきしめん」になっています。

名前から想像がつかない郷土料理　東日本編

初めて見たり聞いたりする名前の物は、なかなか想像がつきにくいもの。

食べ物の場合も、漢字が使われていれば予想もできますが、ひらがな、あるいは耳で聞いただけではイメージがまったく浮かばないものも少なくないでしょう。

たとえば**「しょっつる鍋」**。「しょっつる＝背負う」と考えて、「料理の具材を背負ってきてつくるのかな？」と思う人もいるかもしれません。

「しょっつる」に漢字を当てると**「塩汁」**あるいは**「塩魚汁」**で、もともとはハタハタなどの原材料に塩を加え、熟成させてつくる調味料のこと。しょっつる鍋は、それをベースに、ハタハタ、白菜、ネギ、ゴボウ、豆腐、糸こんにゃくなどを具として煮た鍋です。

きりたんぽ鍋や稲庭うどん、いぶりがっこ、そして、最近の横手やきそばも含めて、**秋田の味**といえるでしょう。

「しもつかれ」と聞いても、何のことやら……でしょう。鮭の頭、大豆、人参などをこまかく刻み、大根を「鬼おろし」と呼ばれる目の粗い竹製の大根おろし器ですりおろし、酒粕と一緒に煮込んだ**栃木県の郷土料理**です。

この料理名の由来は諸説ありますが、ひとつはそのできあがり具合から「染み浸かる」だといわれています。そういえば、栃木県の旧国名は「下野国《しもつけのくに》」で「しもつかれ」と語感が似ていなくもありませんが、関係については不明です。

栃木県内では、2月の最初の「午の日」である「初午」に、赤飯とともに稲荷神社に供える行事食となっています。

「のっぺ」は**新潟県の郷土料理**で「のっぺい汁」と呼ばれたりします。ただし、汁というよりは煮物といったほうがよさそうです。

里芋が主な材料で、人参、こんにゃく、シイタケ、油揚げなどを一緒に薄味で煮ます。さらに、あしらわれるサヤエンドウの緑が目に鮮やか。新潟では、いわゆる「おふくろの味」の代表格です。

いまでこそ、鉄道網・道路網が充実している新潟県ですが、かつて「越後国」と呼ばれていた頃の冬は、雪によって道が閉ざされてしまう地域も多く、人々は、買い物ひとつにも不便な暮らしをしていました。

そうした時期に求められるのは保存性の高い食べ物なので、のっぺも、そのひとつだったのでしょう。

料理名の由来は諸説ありますが「とろみのある」という意味の「ぬっぺい」からというのもひとつ。たしかに、里芋からはとろみが出ますね。

さて、居酒屋のメニューで**「なめろう」**という文字を見たことはありませんか。もともとは**千葉県の漁師料理**で、わかりやすくいえば抜群の鮮度を活かした鯵《あじ》のたたきです。味噌と生姜、みじん切りにしたネギと青じそなどを加えて混ぜればできあがり。シンプルですが、えもいわれぬ味で日本酒好きにはたまらない逸品です。

「なめろう」の名の由来は「おいしくて皿まで舐めてしまうことから」だそうです。

この「なめろう」をアワビの貝殻に詰め、網の上で焼いたり蒸し焼きにしたりするのが**「さんが焼き」**で、千葉県の郷土料理のひとつに数えられていますし、首都圏の和食店でもしばしばお目にかかります。

名前から想像がつかない郷土料理　西日本編

西日本勢も負けていません。

まずは**京都府の「へしこ」**で、鯖《さば》や鰯《いわし》などを長期間、塩と米糠とで漬け込んだ保存食です。現在のように冷蔵や冷凍ができなかった時代に、魚をおいしく、なおかつ安全に保存する方法として「漬け魚」が考えられたわけです。

漁師たちが、魚を樽に漬け込むことを「へしこむ」と呼んでいたため「へしこ」となったと伝えられています。

京都府も日本海に接していますが、北東に位置する福井県にも漁業が盛んな地域があり、「さばのへしこ」が郷土料理のひとつになっています。

鉄道や道路が整備される以前、現在の福井県小浜市と京都市を結ぶ街道として鞍《くら》馬《ま》街道、高浜街道、周山《しゅうざん》街道などがありました。それらを利用して鯖が運ばれたことから**「鯖街道」**と称されています。

広島県の郷土料理で、県の南東部に位置する尾道市の正月料理が**「がせつ」**です。漢字で「賀節」と書きますから、おめでたいものであるのは想像できるでしょう。その正体は、焼いたアナゴと茹でたホウレンソウをゴマと土佐酢でいただくもの。尾道市といえば、尾道ラーメンも有名ですが、機会があれば、この伝統料理も味わいたいものです。

「ふくめん」は「めん」といっても麺類ではありません。となると、いったいどんな料理を想像しますか。

答えは「千切りにしたこんにゃくを、だし・醤油・みりんでよく煮てから皿に盛り、その上に魚のそぼろ（白色とピンク色）、緑色のネギまたはアサツキ、オレンジ色の陳皮（乾燥させたミカンの皮）を載せたもの」で、**愛媛県の郷土料理**です。もともとは江戸時代に宇和島藩で祝いごとがあったときに、ふるまわれたものと伝わっています。最初に盛られたこんにゃくが、載せられた具材で見えなくなってしまうことから、「ふくめん、つまり覆面」と名づけられたとか。

お正月やお祭り、結婚披露宴や長寿の祝いなどには欠かせない一品で、具材のピンクは春、緑は夏、オレンジは秋、白は冬と四季を表わしているそうです。

福岡県の郷土料理「がめ煮」は「寄せ集める」という意味の博多の方言「がめくりこむ」が料理名の由来になっています。

その「がめ煮」のルーツは戦国時代の終わりまでさかのぼります。

豊臣秀吉が、文禄の役と慶長の役で二度にわたって朝鮮半島に出兵。そのとき、現地で兵士たちが食べていたのが、ドブガメと呼ばれていたスッポンと具材を煮込んだ料理。おそらく、遠く離れた地で食料の調達にも苦労し、あるものを工夫して調理し、食事をすませるしかなかったのでしょう。

秀吉の死によって戦いは終結しましたが、撤退してきた兵士たちが帰国し、がめ煮が日本の地にもたらされたのです。

福岡では、スッポンではなく鶏肉が使われるようになり、具材もジャガイモ（里芋）、人参、たけのこ、干しシイタケ、インゲン、こんにゃくなど。野菜も豊富になり、すっかりヘルシーな料理になりました。今ではお正月やお祭り、結婚式などお祝いの席でふるまわれることも多いそうです。

人の名前に由来する郷土料理

「虎は死して皮を留め、人は死して名を残す」ということわざがあります。獣の王者とされる虎は死んだあとに立派な毛皮を残し、偉大な業績を残した人物は、その名を歴史に刻むという意味です。

さて、日本各地の食べ物に目をやると、人名がついているものとして、まず**北海道の「三平汁《さんぺいじる》」**があります。

大きな鍋に、ジャガイモ、大根、人参などの野菜と、塩漬けにした魚のぶつ切りを入れて煮込んだ料理で、鮭を入れれば「鮭三平」と呼び、鱈《たら》を入れれば「鱈三平」と呼びます。

石狩川では秋になると鮭がとれますし、鱈は北海道近海でとれますから、まさに「郷土料理」といえるでしょう。

「三平汁」の名前の由来は諸説ありますが、松前藩の藩主が狩りに出かけたときに、斉藤三平という漁師の家で振る舞われた汁をとても気に入り、「三平汁」という名がついたという説が伝わっています。

続いて、**福島県会津地方に伝わる郷土料理が「しんごろう」**。

ざっとレシピを紹介しましょう。

① ごはんをつぶして、団子状にしたものを竹串にさす
② 砂糖やみりんを加えた甘めの味噌とエゴマを合わせて味噌だれをつくり、①の団子状のものに塗る
③ 炭火で焼けばできあがり

おそらく、かつては囲炉裏で焼いていた家もあったはずで、香ばしく焼ける香りが想像できます。由来は「しんごろう」という名の貧しい若者が、正月に餅を用意できず、ごはんをつぶして代わりにした料理といわれています。

「五平餅《ごへいもち》」は長野県の有名な郷土料理。地元の五平さんが考えたという説のほか、その形が神社でお祓いに使う「御幣《ごへい》」に似ているから名づけられたという説も。愛知県、岐阜県でも親しまれています。

ごはんをつぶして竹などの棒にさして焼き、甘味噌や、ゴマクルミ味噌などをつけて食べますが、飽きのこないうまさです。

長野県といえば、日本一の味噌生産県ということを忘れてはなりません。県内には100軒以上の味噌蔵があり、味噌の年間出荷額は全国一位で、日本でつくられている味噌の半分がじつは長野県産なのです。

石川県の郷土料理のひとつが「治部煮」。兵糧奉行として豊臣秀吉に仕えた岡部《おかべ》治部《じぶ》右衛門《えもん》という人が考案した料理という説が有力ですが、煮えるときに「ジブジブ」という音がするからという説もあります。

料理そのもののルーツも諸説あり、キリシタン大名の高山右近《うこん》が宣教師から教わり加賀藩に伝えたという説や、漂流したロシア人が伝えたという説も。なにしろ500年以上も前の話ですから、今後の調査研究に期待したいところです。

そういえば「たくあん」や「インゲン豆」も人名に由来しています。なぜか、どちらも和尚さんです。

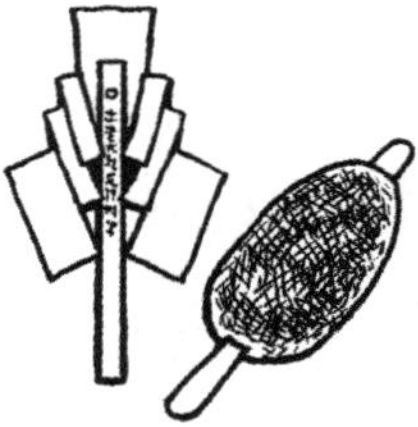

自慢の鍋が集合！　東日本編

現在は、日本各地の特色ある食材もスーパーなどに置かれ、かんたんに手に入れられます。しかし、物流がそれほど盛んでなかった時代は、地元の食材で料理するのが主流でした。かつての食事は、郷土食以外の何物でもなかったのです。その代表ともいえるのが「鍋」でしょう。

北海道の「石狩鍋」は、その名のとおり石狩川をのぼってきた鮭を使った料理で、鮭の身だけでなく、骨などのアラも使われます。豆腐、タマネギ、キャベツ、大根、シイタケ、人参、長ネギなど野菜もたっぷり。北海道らしく昆布でだしをとった味噌仕立ての汁で煮込む、見るからに温まりそうな料理です。

青森県は「さくら鍋」。「さくら」とは馬肉で、赤っぽい色をした生肉が、煮たり茹でたりすると桜色にかわることと、春が食べ頃である点から「さくら肉」と呼ばれるようになりました。青森県東部では良質な牧草が育つ環境も手伝って、昔から馬の産地として知られ、農耕馬や軍馬も育てられた地域です。

「さくら鍋」は、薄切りにした馬肉をメインに、ゴボウ、ネギ、春菊、しらたき、焼き豆腐などを入れ、醤油、みりん、酒などの調味料を使い、かなり濃い味付けにするのが一般的です。

「アンコウ鍋」は茨城県の冬の風物詩になっています。奇妙な姿のアンコウですが「肝、とも（ヒレ）、ぬの（卵巣）、だい身（身）、胃、えら、皮」の「七つ道具」と呼ばれる部位があり「食べられないところはない」といわれるほど。骨以外は捨てるところがないとなれば「食材の優等生」でしょう。

アンコウ鍋には、豆腐、しらたきのほか、シイタケ、ネギ、春菊、エノキ、白菜、人参などたくさんの野菜類が使われ、とてもヘルシー。皮やヒレにはコラーゲンが多く含まれているので、お肌を気にする女性にも人気だとか。

漁師風、あるいは民宿や旅館、居酒屋などでは味噌味、高級料亭では醤油味など、味付けはさまざま。また、野菜から出た水分にあん肝が溶け出して濁るため、「どぶ汁」と呼ばれたりもします。

自慢の鍋が集合！　西日本編

滋賀県といえば、日本一大きい湖の琵琶湖を思い浮かべる人が多いでしょう。

琵琶湖には、冬が近くなるとマガモが飛来します。とはいっても、マガモには禁猟期間があり、許されているのは秋・冬の時期です。そうした時期限定の**滋賀県の郷土料理が「鴨鍋」**です。

マガモを、豆腐やネギなどの野菜と一緒に煮込めば、肉の歯ごたえと脂身の甘さが味わえます。「鴨がネギを背負ってくる」ということわざがあるとおり、鴨とネギとの相性は抜群。冬の寒さをしのぐには、ぴったりの鍋でしょう。

室町時代から戦国時代にかけて、瀬戸内海を制していたのが村上水軍。その出陣前夜に食べられていたと伝わるのが**「水軍鍋」**で、**広島県尾道市と愛媛県今治市の郷土料理**になっています。瀬戸内海といえば魚の宝庫で、水軍鍋には魚介類や海藻がふんだんに使われています。「八方の敵を食う」という意味で、具材にはタコが必ず使われるのが特徴で、仕上げは麦飯の雑炊が定番です。

尾道市と今治市とは1999年（平成11年）に「瀬戸内しまなみ海道」の開通でつながりましたが、それ以前から連絡船が行き来していたこともあって、姉妹都市になっています。

九州には「もつ鍋」があります。「ボリュームたっぷり、安くておいしい。お酒にも合う」と、一世を風靡《ふうび》し、新語・流行語大賞を受賞するほどのブームとなりました。**福岡県の郷土料理**のひとつです。

主役は「もつ」で、準主役が「ニラとキャベツ」。それらを、ささがきにしたゴボウ、ニンニクなどの脇役陣が、しっかり支えているといったところでしょうか。モヤシ、豆腐、肉団子などがゲスト出演することもあるようです。スープにはかつおだしや昆布だし、鶏ガラなどが使われ、醤油や味噌で味を調えますが、基本的には具材から出るうまみが鍋を引き立てます。

「もつ」は牛や豚などの内臓の総称で、しばしば混同される「ホルモン」は牛や豚の腸のこと。「ホルモン」の語源は「捨てるもの＝放るもん」とされています。

フカヒレ日本一のご当地はどこ？

中華料理の華といえば、北京ダックとフカヒレが浮かびます。

そのフカヒレで、日本一の生産量を誇るのが、**宮城県の気仙沼市**です。

もともとは中国料理の食材として、江戸時代には中国への輸出品として知られていました。乾燥したナマコ、アワビ、フカヒレの三種は重要な輸出品だったのです。

フカとはサメのことで、サメのヒレがフカヒレです。気仙沼は、ヨシキリザメやネズミザメ（モウカザメ）などのサメの水揚げで日本有数の漁港。サメは練り製品に使われるふわふわのサメ肉、気仙沼ブランドとして知られる高級食材の「フカヒレ」、サメ革製品まで、すべてが商品となっています。気仙沼はサメの加工業者が日本で一番多い街です。フカヒレ料理を扱う飲食店も数多く、フカヒレを散らしたフカヒレスープやフカヒレラーメン、お寿司のネタにもなっています。

秋にうれしい、日本の三大芋煮会！

秋は里芋のシーズン。となると、心が騒ぐ人たちがいます。それは「芋煮会をやりたい」という方々でしょう。そんな熱意が大いに高まっているのが、日本三大芋煮会といわれるところです。

まずトップバッターは、全国的に有名な山形の話です。

山形県中山町の元祖芋煮は、もともと船頭や商人が中山町で荷揚げや荷待ちの折に食べたのが始まり。**「棒たら」**を主として、砂糖や醤油は控えめにし、薄味に仕上げた「芋棒煮」のスタイルでした。

現在は棒たらよりも牛肉が主流で、ネギをたっぷり入れ、すき焼きのような濃厚な味です。しかし、山形県内でも少々異なる方法がみられ、庄内地方では味噌をベースに豚肉が多く使われています。

つぎに**島根県津和野町の芋煮**の場合は、**鯛と里芋**という具材の組み合わせが特徴です。炙った小鯛と昆布からとっただしに、里芋と鯛のほぐし身を入れ、柚子皮を薬味に添えるという、すまし汁のような上品な芋煮になっています。

また、笹山地区で穫れる、火山灰地の里芋が絶品とされていて、柚子の香りがだしのうまみと里芋本来の味を引き立てるとか。

さて、**愛媛県大洲市のいもたき**は、里芋や油揚げ、干ししいたけ、こんにゃくなどを入れた、**具だくさんの醤油ベースのスープ**が特徴。鮎でだしをとっていましたが、最近は鶏ガラを使っています。川ガニを入れたりもするようです。

主役の大洲の里芋は粘りが強く、とろけるような食感ですが、煮崩れしにくいそうです。

ちょっとおもしろいのは鍋にダンゴを入れること。白玉ダンゴを月に見立てているとか。こうした「いもたき」は中秋の風物詩になっており、県内の河川敷では秋の月見も兼ねた宴会が開かれています。

第2章

お祭りや風習のご当地おもしろ雑学

いまや全国区！　高知発のよさこい祭り

何万人、あるいは何十万人の観光客が訪れる、いわば「全国区」の祭りのなかには、数百年どころか千年以上の歴史と伝統を誇るものもあります。

しかし、全国から4日間に延べ100万人もが集まる高知市の有名な**「よさこい祭り」が誕生したのは1954年（昭和29年）のこと。**歴史は浅く、「祭り界の若手」的存在です。

当時、不景気の真っただ中にあった日本。太平洋戦争の終結から10年が経とうとしていたものの、国民は疲弊していました。そうしたなか、高知で「市民を元気づけよう」と行われたのが「よさこい祭り」だったのです。

第1回のよさこい祭りには、21団体750人が参加し、このときに「よさこい鳴子おどり」が披露されました。鳴子などを手に持って、楽しそうに踊る様子が観客に受けて、その後、参加する団体も人数もどんどん増えていきます。

祭りの発展に大きくかかわったのが作曲家の武政英策氏でした。いわゆる「正調盆踊り」を離れた自由なアレンジが評判となり、人気が高まります。現在ではロック、サンバ、ヒップホップ、フラメンコなど、さまざまな趣向を凝らした楽曲と振り付けで参加する団体も数多くあります。

大きな転機が、1992年（平成4年）に**北海道札幌市で行われた「YOSAKOIソーラン祭り」**でした。大好評を博し、その後、**宮城県仙台市の「みちのくYOSAKOIまつり」**、**静岡県浜松市の「虹彩《にじいろ》よさこい（旧がんこ祭り・浜松よさこい）」**、**兵庫県神戸市の「神戸よさこいまつり」**、**長崎県佐世保市の「YOSAKOIさせぼ祭り」**と、日本各地に輪が広がっていきました。

その後も勢いは増す一方で、現在「日本には200以上のYOSAKOIがある」とまでいわれています。
当初、高知市民を元気づけようと始まった「よさこい」が、時空を超えて日本中の「元気のもと」になっているといえるでしょう。

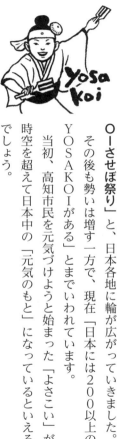

平将門の軍事訓練がルーツのお祭りって⁉

福島県南相馬市を中心に行われる「相馬野馬追《そうまのまおい》」は、人と馬とが一体になった神事です。相馬市の相馬中村神社、南相馬市の相馬太田神社と相馬小高神社の三つの妙見社の祭礼で、国の重要無形民俗文化財に指定されています。

その歴史は千年以上にも及ぶとされ、ルーツは相馬氏の遠祖にあたる平将門が人馬ともに行った軍事訓練だといわれています。

相馬中村神社で行われる出陣の儀式、先祖伝来の甲冑に身をかためた総勢約400騎の騎馬武者が進む「お行列」、白鉢巻に白装束をつけた御小人と呼ばれる人たちが、多くの馬の中から思し召しにかなう荒駒を素手で捕らえ、神前に奉納する「野馬懸《のまかけ》」など、多くの見所がありますが、圧巻は**「甲冑競馬」**と**「神旗争奪戦」**です。

甲冑競馬は、鳴り響くほら貝と陣太鼓を合図に、兜を脱いだ白鉢巻の若武者が旗指物をなびかせて疾走します。そのスピードと迫力には驚くばかり。

神旗争奪戦は、御神旗をめがけて、数百騎の騎馬武者たちが突進します。まるで戦国時代の合戦が再現されたかのようです。

東北地方の各地では、いくつもの夏祭りがありますが、この「相馬野馬追」が皮切りとされています。例年の開催日程（初日）をみてみましょう。

八月一日　弘前ねぷたまつり・盛岡さんさ踊り
八月二日　青森ねぶた祭
八月三日　秋田竿燈まつり

八月五日　山形花笠まつり
八月六日　仙台七夕まつり

例年、七月末に行われていた相馬野馬追でしたが、ここ数年の猛暑に配慮し、時期が五月末の開催に変更されました。とはいえ、東北地方の祭りのトップバッターであることに変わりはありません。

青森市の「ねぶた」と弘前市の「ねぷた」

毎年8月の上旬に「ねぶた祭」が開催されるのが青森県青森市です。

日本各地どころか世界各国から270万人もの観光客が訪れるという盛大なもので、「青森のねぶた」として国の重要無形民俗文化財に指定されています。

ねぶた祭の象徴は、「ねぶた」と呼ばれる立体的に組み上げられた「山車灯籠《だしとうろう》」です。神話や歴史上の偉人、歌舞伎の登場人物などを題材にとり、勇壮にして華麗、なおかつ哀調を帯びた大がかりな作品となっています。台車もふくめて高さ5メートル、幅9メートル、奥行7メートルという制限がある「ねぶた」ですが、その大きさ以上の迫力を感じられるでしょう。豪壮な「ねぶた」とともに「金魚ねぶた」も不可欠な存在で、人々の目を楽しませてくれます。

ダイナミックな「ねぶた」に負けていないのが「ハネト（跳人）」と呼ばれる人

たちで、色とりどりの衣装を身にまとい、「ラッセーラー　ラッセーラー」という掛け声が勇ましく響きます。

一方、江戸時代には弘前藩《ひろさき》（通称・津軽藩）の城下町として栄えた弘前市。江戸時代以前からの天守が残されているのは日本国内にわずか12城ですが、弘前城はそのひとつで、国の重要文化財に指定されています。

青森県で唯一の国立大学である弘前大学があり、前身である旧制弘前高校は『斜陽』『人間失格』などの作品で知られる太宰治の母校でした。

弘前では毎年8月の上旬に「ねぷたまつり」が開催されています。

こちらの「ねぷた」は扇型が主体となっているのが特徴。１００万人の観光客でにぎわうなか、「ヤーヤドー」という掛け声とともに市内を練り歩きます。「弘前のねぷた」も国の重要無形民俗文化財に指定されています。

「ねぶた」と「ねぷた」は語感が似ている点からも推測できるように、どちらも、**睡魔をはらう行事の「ねむりながし」が語源**とされています。

ほぼ同時期に、三十数キロしか離れていない地で開催されている「ねぶた祭」と「ねぷたまつり」。せっかくなら、どちらも楽しみたいものです。

大迫力の「木落し」で有名な奇祭

長野県の諏訪湖を囲むように、茅野《ちの》市にある上社前宮《かみしゃ》、諏訪市にある上社本宮、下諏訪町にある下社春宮《しもしゃ》と下社秋宮の四社からなる神社の総称が諏訪大社です。

日本最古の神社のひとつで「信濃国一之宮」とされました。

日本三大奇祭にあげられる「御柱祭」は、正式には「式年造営御柱大祭」という神事です。山中から、御柱として一六本の樅《もみ》の大木を伐り出し、四つの宮まで曳き、社殿の四方に立てて神木とするものです。

メディアによく取り上げられるのが「木落し」と呼ばれる場面。大勢の男性たちに操られながら、巨木がものすごい勢いで急坂を下るダイナミックなシーンを見たこともあるでしょう。乗っている人は命がけです。インパクトのある映像のせいか、テレビのニュースでも放映されますが、御柱祭は、木落しだけではありません。大きく分けて**「山出し」と「里曳き」**という二つからなります。

「上社山出し」の場合には、まず標高1300メートルの「綱置場」から御柱が運ばれてきます。17メートルもの木が「よいさ、よいさ」の掛け声とともに人の手によって動かされる様子は大迫力。狭くて曲がった道を進むなかで、最大の難所とされるのが「穴山の大曲」で、民家の軒先スレスレを通り、「木落し」へと向かいます。

木落しのあとに待ち受けるのは、山出し最後の難所の「宮川の川越し」で、宮川の雪解け水で御柱を洗い清めるために、ずぶぬれになりながら川を渡ります。四月上旬とはいえ、寒さが残る信州で、川の水温が10℃という年も珍しくありません。

そのおよそひと月後に行われるのが、華麗にして優雅な「里曳き」。騎馬行列や花笠踊り、長持ち行列などの時代絵巻で、御柱とともに大勢の氏子が社へと向かいます。それぞれ神社の境内に着いた御柱は、柱の先端を三角錐に切り落とす「冠落し」が行われ、御神木としての威儀を正し、社殿の四隅に曳き建てられて神となるのです。

「7年に一度の祭」と紹介される御柱祭ですが、寅と申の年に行われるので実際は6年に一度。数えて7年目なので、「7年に一度」と表現されています。

新婚の夫が崖から放り投げられるお祭り

前の年に結婚した夫が、村人たちによって薬師堂に案内され、胴上げされる……と、ここまでは、新婚の夫を村人たちがお祝いしている光景のようです。

ところが、時をうつさず、その夫は、お堂から望む高さ5メートルもある崖から放り投げられてしまいます。これが**新潟県十日町市松之山地区の小正月行事の「むこ（婿）投げ」**です。

雪深い地域で、積もったまま踏み固められていない雪なのでやわらかく、ケガの心配はないそうです。それでも高いところから放り投げられるほうは、たまったものではないでしょう。

村の娘が、よその村の男性のもとに嫁入りし、その腹いせから始まったと伝えられています。

しかし、婚活中の男性が「この地区の女性との結婚は控えようか」などと考える必要はありません。現在では「強制的に全員参加」ではなく、参加希望者を募って行われています。

同じ時期には**「すみ塗り」**という行事もあります。「おめでとう」と新年のあいさつを交わしながら、いわゆる「どんど焼き」の灰と雪を混ぜてお互いの顔に塗り合い、無病息災、家業繁栄を願うもの。こちらは男性も女性も関係なく、参加した人たちの多くが真っ黒い顔になって笑い合います。

さて、新潟から遠く離れた高知県では、「すみ」ではなく「泥」を顔に塗る**「どろんこ祭り」**こと**神田祭**《かみだ》があります。

例年、四月の上旬、つまり田植えの時期に行われ、神田での田植えをすませた女性たちが、誰かれかまわず男たちの顔に泥を塗りたくるのです。塗られた男は、その夏、病気にならないという言い伝えがあり、塗ってくれた女性にお礼を言うのが習わしです。

娯楽の少ない時代には、こうした行事が、雪深い冬の生活の楽しみだったり、農作業のつらさを忘れさせてくれるものだったりしたのかもしれません。

恐ろしい「なまはげ」の正体は？

大晦日の晩に「怠け者はいねが～、泣く子はいねが～」と荒々しい声をあげながら街中を練り歩き、幼い子どものいる家庭に踏み入ると、その恐ろしい姿に子どもたちは泣き叫ぶ……。ご存知**「秋田のなまはげ」**です。鬼のような見た目ですが、その正体は**怠惰を戒め、悪事をいさめ、災いを祓いにやってくる来訪神、神様**です。

2018年には、日本国内の8県10行事が「来訪神：仮面・仮装の神々」としてユネスコの無形文化遺産に登録され、そのひとつが「男鹿《おが》のナマハゲ」でした。

残る九つは「甑島《こしきしま》のトシドン（鹿児島県）」「能登のアマメハギ（石川県）」「宮古島のパーントゥ（沖縄県）」「遊佐《ゆざ》の小正月行事　アマハゲ（山形県）」「米川《よねかわ》の水かぶり（宮城県）」「見島のカセドリ（佐賀県）」「吉浜のスネカ（岩手県）」「薩摩硫黄島のメンドン（鹿児島県）」「悪石《あくせき》島のボゼ（鹿児島県）」です。

ついに海外に進出！　徳島発の阿波踊り

徳島県が世界に誇る伝統芸能が阿波踊り。400年以上の歴史をもつとされ、日本三大盆踊りのひとつにも数えられています。

「連《れん》」と呼ばれる踊り手のグループが、そろいの衣装をまとい、三味線、太鼓、鉦《しょう》鼓《こ》、篠笛《しのぶえ》などの2拍子のリズミカルな伴奏に合わせて踊る様子はみごとです。ひとつの「連」は数十人程度ですが、なかには100人規模、あるいはそれ以上の「連」もあり、まさに圧巻の迫力。

阿波踊りには、**男踊りと女踊り**があるのも特色のひとつ。男踊りには3つの流派があり「のんき調」は背筋を伸ばして腰を落とし、つま先を立てた足運びが特徴的。「娯茶平《ごちゃへい》調」は、地を這うように腰を低く落とし、うちわをさばきながらすり足で歩みを進めます。「阿呆《あほう》調」は前傾姿勢でリズミカルに、手には提灯をさばきながら踊ります。いずれも、浴衣か法被《はっぴ》を着て、足袋を履き、なんとも自由でダイナミックです。

一方、女踊りは、浴衣を着て、編み笠をかぶり、下駄を履いて上品かつしなやかに踊ります。ちなみに、超ベテランの踊りでは、先を急がないという踊り方があるとか。

例年、8月に開かれる「徳島市阿波おどり」には、100万人を超える観光客が押し寄せます。

阿波踊りは徳島県内の各地で行われ、たとえば「鳴門市阿波おどり（鳴門市）」「うだつのまちの阿波おどり大会（美馬市）」「阿南の夏まつり　阿波踊り競演大会（阿南市）」「いけだ阿波おどり（三好市）」「つるぎ町夏まつり　阿波踊り大会（つるぎ町）」「鴨島阿波おどり（吉野川市）」などが代表です。

県外にも進出し、とりわけ広く知られているのが**「東京高円寺阿波おどり（東京都杉並区）」**でしょう。JR東日本・高円寺駅の記念スタンプに阿波踊りがデザインされたこともありました。

そのほかにも、都内では「神楽坂まつり阿波踊り（新宿区）」「東京大塚阿波おどり（豊島区）」「成増阿波おどり大会（板橋区）」「三鷹阿波おどり（三鷹市）」「小金井阿波おどり（小金井市）」などがあります。

どうやら阿波踊りは関東で人気のようで、神奈川県では「かわさき阿波おどり（川崎市）」「神奈川大和阿波おどり（大和市）」など、埼玉県では「南越谷阿波踊り（越谷市）」「みさと阿波踊り（三郷市）」「新座阿波おどり（新座市）」などがあります。さらに、「もばら阿波おどり（千葉県茂原市）」「高崎まつり阿波おどり（群馬県高崎市）」と目白押しです。あなたの住む街や近隣の市町村でも阿波踊りと出会えるのではないでしょうか。

特筆すべきは「Awa Odori Paris 2015（フランス・パリ）」「本場阿波踊り in Bangkok（タイ王国・バンコク）」と、海外進出も果たしていること。

日本文化のひとつとして、阿波踊りの世界進出がどこまで広がるか、楽しみですね。

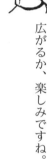

「七福神めぐり」、発祥の地は？

京都といえば、「歴史と伝統の街」という意見に異論はないでしょう。**「日本最古の七福神めぐり」が誕生したのも京都の地**と伝えられています。また、京都の人たちは正月二日の夜に、宝船に乗った七福神の絵を枕の下に入れて縁起の良い初夢を見ようとしたそうです。

恵比寿神《えびす》（「恵美寿神」とも）、大黒天、毘沙門天《びしゃもん》（「多聞天《たもん》」とも）、弁財天《べんざい》、福禄寿《ふくろくじゅ》、寿老人《じゅろうじん》、布袋尊《ほていそん》からなるのが七福神。

じつは恵比寿神だけが日本古来の神様で、大黒天、毘沙門天、弁財天はインドの神様、福禄寿、寿老人、布袋尊は中国の神様です。

「三国一の花嫁」という言葉がありますが、この「三国」は「日本、インド、中国」のことで、それは、当時の日本人が知っていた世界のすべてでした。つまり、七福神は「世界一の神様たち」ともいえるでしょう。

恵比寿神は、商売繁盛の守り神です。右手に釣竿、左手に鯛を抱え、いつもニコニコ顔。その昔、日本人は海の彼方に神の国があり、その神が海を渡ってやってくると信じていました。

恵比寿神を拝めるのは京都市東山区の恵美寿神社（京都ゑびす神社）。こちらの「えびす」の「び」には「美」という漢字が使われています。恵美寿神社のご祭神は八代事代主大神《やえことしろぬしのおおかみ》（大国主命《おおくにぬしのみこと》の三男）で、魚釣りを好み、海の幸と山の幸を物々交換し、人々の暮らしを豊かにしたと伝えられ、商売繁盛の守り神となりました。正月の「十日ゑびす大祭」は「初ゑびす」と呼ばれ、大勢の参拝者たちで賑わいます。

もともとは古代インドのヒンドゥー教の神様で、外見は怖そうなのが大黒天。「味方につければ頼もしい」と最澄が中国から持ち帰り、延暦寺の守護神にしたと伝えられています。その後、鎌倉時代に日本古来の神の大国主命が「だいこく」とも読めることから二柱は習合。俵《たわら》に乗り、打出の小槌を持ち、優しい福の神に変身し、庶民の台所を守る神様になりました。**京都市左京区の妙円寺で「松ヶ崎の大黒さん」として慕われています。**

毘沙門天は、古代インドの武勇の神。四天王の一人で、北方を守る役割を担っています。**京都市南区の東寺にある毘沙門天は高さが190センチもあり、スタイリッシュな美しい像です。**東海道新幹線の京都駅付近から見える五重の塔は東寺の象徴で、およそ55メートルという高さは、木造の塔として日本一を誇ります。

弁財天は七福神で唯一の女性の神様。弁天堂が水辺に祀られていることが多いのは、もともとインドのサラスバティーという水の神様だったため。「美音天《みようおん》」とも呼ばれるのは、水の流れる美しい音から連想されたものでしょう。音楽や芸能、金運をもたらす神様としても信仰されています。**京都市東山区の六波羅蜜寺《ろくはらみつ》で拝めます。**

長い頭とひげ、そして連れている鶴と亀がトレードマークの福禄寿は、幸福、富貴、長寿の神様。**左京区の赤山禅院を訪れ、健康長寿を祈る人が多いようです。**

寿老人は長寿を授ける神様。長い杖をもつ小柄な老人の姿で仙人を思わせます。福禄寿と同じ神様ともいわれますが、**お参りする先は中京区の行願寺《ぎようがん》です。**

布袋尊は、中国に実在した契此《かいし》という禅僧で、太鼓腹と笑顔が特徴。大きな袋は外出するときに持ち歩き、人に物乞いをして受け取ったものを袋の中に入れることから布袋と呼ばれるようになったとか。**宇治市の萬福寺《まんぷく》で拝めます。**

江戸三大祭り——神田祭・山王祭・深川祭

「江戸」という地名が「東京」に変わったのは1868年（慶應4年）ですから、150年以上もの年月が経過しています。

ところが今でも「江戸情緒」だとか「江戸前」といったように「江戸」は愛されていて、逆に「東京情緒」という言葉はほとんど聞きません。都内で行われている「三大祭り」も「東京三大祭り」ではなく「江戸三大祭り」です。

まずは**「神田祭」で、千代田区の神田明神の祭礼で「神田明神祭」とも呼ばれます。**神田明神で最も大切な神事「例大祭」は毎年5月15日に斎行されています。「儀式」と呼ばれるように、氏子各町の代表が参列して厳粛に執り行われ、日本の平和と安全、そして氏子の幸せをご神前に祈念します。

神田明神は、730年（天平2年）に、現在の千代田区大手町に創建されたと伝えられています。９００年近くの時が下り、徳川家康が関ヶ原の戦いに臨む際に神田明神で戦勝を祈願。その後、家康が天下人となったこと、江戸城の表鬼門守護の場所にあたることなどから、現在の千代田区の外神田の地に移転しました。社殿は幕府によって造営されました。

神田祭の「大祭」は一年おきですが、見所のひとつが「神幸祭《しんこうさい》」です。大黒様、恵比寿様、平将門の鳳輦《こし》（神輿）が平安装束をまとった人々につきそわれて神社を出発。両国まで歩き、神事ののち、山車や武者行列なども加わり、神社に戻ります。

神幸祭の翌日に行われる「神輿宮入」は町神輿の巡行で、粋な江戸っ子たちの晴れ舞台です。「太鼓フェスティバル」には和太鼓集団が出演し、みごとな演奏を披露し、観客を魅了します。

続いて**日枝《ひえ》神社の「山王祭」**。日枝神社は江戸城の鎮守として、また、徳川将軍家の産土神《うぶすな》として、幕府との深い結びつきがありました。

神輿が江戸城に入るのを許されたこともあり、山王祭は、三代将軍家光以降、歴代の将軍が上覧拝礼する「天下祭」として盛大なものになりました。祭は一年おきで、６月７日から17日まで行われています。

見所は「神幸行列」で、神輿や山車が、王朝装束をまとった人たちによって都心の繁華街を練り歩きます。総勢500人にも及ぶ「現代によみがえった王朝絵巻」で、思わず目をうばわれるでしょう。

三大祭の締めくくりは**「深川祭」**。**江東区の富岡八幡宮の祭礼**で、毎年8月15日を中心に行われます。ただし、八幡宮の御鳳輦（お神輿）がおでましになるのは三年に一度で、その年は「本祭り」と呼ばれます。お神輿をかつぐときの掛け声は江戸っ子らしく威勢のいい「わっしょい、わっしょい」です。

やはり江戸幕府とゆかりがあり、三代将軍家光が長男家綱（四代将軍）の誕生を祝って、命じた祭りと伝えられています。

深川祭の人気は絶大でしたが、それが災いして、隅田川にかかる永代橋が、押し寄せた大勢の人の重さで崩落するという事故も起きています。

例年、8月15日前後の暑い時期に行われるため、対策として神輿の担ぎ手に水を掛ける風習があり「水掛け祭」とも呼ばれています。

京都三大祭り——葵祭・祇園祭・時代祭

京都の三大祭りはニュースでも報道されるほど、全国的に有名でしょう。

まずは、初夏の京都を優雅な行列で彩る「葵祭《あおい》」は、**下鴨神社と上賀茂神社の祭りで、1500年の歴史を誇ります。**

さまざまな「前儀」が5月初旬から行われますが、メインはやはり5月15日の「路頭の儀」で、天皇の使者である勅使が下鴨、上賀茂の両神社に参向する道中を表わしています。平安装束をまとった人々が、およそ8キロもの距離を歩く様子は「時代絵巻」そのもの。平安の京都らしさを目の当たりにできます。

葵祭のヒロインが「斎王代《さいおうだい》」で、五衣唐衣裳《いつつぎぬからぎぬも》という絢爛豪華な衣装をまとい、腰《よう》輿《よ》という輿に乗って登場します。また「御所車」も見もので、飾り付けられた藤の花が揺れるさまは、まさに優雅のひと言です。

「祇園祭」は八坂神社の祭礼で、その歴史は1000年以上もさかのぼります。例年7月1日の各町内の団結式ともいうべき「吉符《きっぷ》入《いり》」から、7月31日の無病息災を祈る「疫神社《えきじんじゃ》夏越祭《なごしさい》」まで、ひと月にわたって行われます。

祇園祭のハイライトは7月17日（前祭）と7月24日（後祭）に行われる八坂神社の神輿渡御《とぎょ》と山鉾《やまほこ》巡行でしょう。「動く美術館」ともいわれる山鉾が34基も登場する様子は圧巻。ユネスコ無形文化遺産には「京都祇園祭の山鉾行事」が登録されています。「コンコンチキチン、コンチキチン」という祇園囃子《ばやし》は心に響き、7月の京都は祇園祭一色になります。

「時代祭」は平安遷都1100年を記念して1895年（明治28年）に始まった平安神宮の大祭。「時代」という言葉どおり、平安京ができた延暦の世から明治維新まで、それぞれの時代を衣装や道具で表現した2000人もの市民が街を歩きます。

「観客が2時間で1000年の時を経験できる」という趣向です。

京都市観光協会では、三大祭りに8月の**「京都五山送り火」**を加えて「京のまちを彩る、四大行事」とうたっています。

「そうだ 京都、行こう。」と思った人は、ぜひ、お出かけください。

お葬式なのに赤飯がふるまわれるって!?

初節句や七五三、還暦や古稀など、おめでたい席につきものなのが赤飯。しかし福井県や島根県、熊本県のほか、お葬式に赤飯がふるまわれる風習が日本の各地にあります。

お葬式といえば黒一色、あるいは黒と白の縦縞の鯨幕《くじらまく》に象徴される世界なのに、なぜ赤飯が登場するのでしょうか。

いくつかの説がありますが、まず**「赤」が魔除けの色**であること。

神社の鳥居に朱色や赤いものが多く見られるのは、神聖な境内に邪気を入れないためといわれています。人の死は忌むべきものとされていましたから、赤飯の赤い色で会葬者の穢《けが》れを祓おうとしたのではないでしょうか。

次に、亡くなった方が**「天寿を全うしたお祝い」**という考え方です。

昨今は「人生百年時代」といわれていますが、かつて「人間五十年」とされた時代にも長寿の方はいたはず。となれば「長生き＝めでたい」という話で、赤飯の出番となったのかもしれません。

さらに、亡くなってから行く先は「あの世」で、いわば旅立ちです。

葬儀の参列者は故人が極楽に行くことを願うに違いありませんから、その**門出を祝うための赤飯**だったとも考えられます。

じつは、赤飯にはもち米が使われるため腹持ちがいいだけでなく。カロリーは白いご飯とくらべて1・2倍から1・5倍ほどあります。また、小豆などの具のおかげで、亜鉛や銅、タンパク質などの栄養素も含まれています。

栄養学の知識のなかった昔の人たちも、暮らしの知恵として赤飯のよさを理解し、あの世への旅の途中でお腹が空かないようにと思ったのかもしれません。

ちなみに、北海道の一部では赤飯に甘納豆が使われ、青森県の一部では砂糖で味付けされ、東京都の一部ではササゲ（豆）が使われています。また、新潟県の一部では醤油味の赤飯がふるまわれます。

ひと口に赤飯といっても、それぞれの土地柄があるというわけです。

長野県民は「万歳」がお気に入り？

新年会や忘年会など酒席の締めくくりといえば、三本締めや一本締めでしょうか。音頭取りの「イヨーッ」の掛け声に合わせて、みなが手を打てば、不思議に「よかったよかった」という気分になるものです。

ところが、**長野県では酒席だけでなく、お祝いの席やおめでたい会合、公式行事でも「締めくくりは万歳三唱」です。**いつからの風習なのか、発祥の地はどこか、誰が最初に始めたのか……などは不明で、「昔から」という答えしか見つかりません。

その昔、新婚旅行に発つ新郎新婦を友人たちが駅のホームで見送るときに、大声で「万歳」をすることもありましたが、長野県では披露宴会場での話です。

さらに「万歳返し」なるものがあり、会合の主催者が参加者に御礼として「万歳」を送ると、受けた側が「万歳」を返します。披露宴では当たり前だそうです。

胡弓の音色が響く、幻想的な富山市のお祭り

日本各地の祭りは、派手だったり、勇壮だったり、華麗だったりと、それぞれの表情をもちます。そのなかで、叙情あふれる幻想的な祭りといえば、**富山県富山市八尾町の「おわら風の盆」**があげられるでしょう。

例年、9月1日から3日まで行われる豊作祈願……というよりも、「風による農作物の被害がないように」と願うものでした。

九月初旬といえば「二百十日」の頃、つまり台風シーズン。農業は自然との闘いといわれるように、春から育ててきた稲が、雨風に負けず、秋には収穫できるようにと祈るのはもっともな話ですね。

おわら風の盆を象徴するのは**「豊年踊り」「男踊り」「女踊り」**の三つ。

豊年踊りは「旧踊り」とも呼ばれるように、古くからのもので、種まきや稲刈り

など農作業の動きを表わしています。

男踊りは、男性の舞台用としての振り付けです。素朴な踊りで、やはり農作業の所作を表わしています。編み笠をかぶり、野良着をモチーフにしたといわれる法被姿の男性がしなやかに踊ります。

女踊りも女性の舞台用として振り付けられました。はじめは、画家・俳人の小杉放庵が、八尾の春夏秋冬を詠った「八尾四季」のために振り付けた踊りでしたが、その後、女性が蛍取りに興じる姿を表わした女踊りとして完成しました。

女性は浴衣姿に編み笠姿。編み笠は、その昔、顔を見られることを恥ずかしがった女性が、手拭いで顔を隠して踊った名残といわれています。当時の女性の奥ゆかしさが伝わる話です。

「おわら風の盆」は、流れる音楽も特徴的。三味線や太鼓に加え、民謡では珍しい胡弓も入る「越中おわら節」の哀感あふれる響きが聴く人の心にしみわたります。

富山県といえば、学業や仕事に熱心で、持ち家率も高いという、いわば「まじめ一本やり」という県民性が広く知られていますが、「おわら風の盆」からは、情緒の繊細さと豊かさが伝わってくるようです。

第3章

県民性のご当地おもしろ雑学

結婚式が派手な県はどっち？

愛知県、とくに名古屋の人たちが結婚式に注ぐエネルギーはたいへんなものといわれてきました。名古屋について研究しているある専門家によると、**名古屋で結婚時に買い揃える家具は金額にして東京のほぼ二倍**だそうです。こうして買い揃えた家具を、人目につくようにトラックで運ぶ姿は昔から有名で、名古屋の風物詩にもなっています。

「派手婚」といわれますが、もともとは結婚式にお金を使ったからではなく、「結納式」が派手だったからとか。嫁ぐ娘のために、紅白幕や縁起のいいデザインのトラックに嫁入り道具を運ばせたのでした。

また、嫁入り道具を運ぶトラックだとわかると、他の車はできるだけ道を譲るそうで、なんとも喜ばしい習わしですね。

ところが、名古屋の人（愛知県人）の結婚式はすごいと話すと、それを笑うのが福井県人。

福井県人は、愛知県人に負けず劣らずお金に細かいことで有名ですが、じつは貯めたお金を結婚式でパッと使うわけで、使いっぷりは**「福井県人は冠婚葬祭に人生をかけている」**といわれることがあるほどです。

嫁入り道具の豪華さは名古屋を上回るといい、「部屋に入りきらない家具を揃え、そのなかに一生分の衣裳を隙間なく詰め込む」のが作法になっているとか。

結婚式・披露宴の御祝儀も多いということですから、その豪華さも想像できるではありませんか。

では最終的に、日本一結婚式に命をかけているのはどちらなのでしょうか。

これは結論を出すにはなかなか難しい質問です。

結婚式というおめでたい話の比較なので、ここは、どちらも一位ということにしておきましょうか。

幕末の戦争の遺恨はまだ続く

ずいぶん前の話ですが、福島県の会津出身の男性が、鹿児島県の女性と結婚しようとしたところ、親族から反対され、結果的に結ばれなかったことがありました。反対された理由は「敵の子孫とは縁続きになりたくない」だったとか。

何のことかといえば、**幕末の会津戦争が原因です。**

会津藩主だった松平容保《かたもり》は幕府側の中心人物でした。そして会津戦争において薩摩藩、長州藩、土佐藩を中心とする新政府軍と戦って敗れ、その後、蟄居《ちっきょ》を命じられました。

150年以上も前の幕末の話ですから「どうして今さら」と思うかもしれませんが、**主戦場となったのが福島県会津地方でした。**会津藩士が若松城に籠城して、抗戦した者の多くが討ち死にという惨憺たる事態に。さらには多くの若者が犠牲となった白虎隊の悲劇も起き、会津地方の人にとってはつらい歴史なのでしょう。

夏の甲子園大会で、福島県代表と鹿児島県代表が対戦するとなると、会津戦争の話題がスポーツ紙で取り上げられることもあります。試合に出場する高校球児からすれば、「遠い昔の話」でしかないと思いますが……。

また、日本に二つしかない「府」で、しかも隣りあっているのに、なんとなく相性が良くないとされるのが、**大阪と京都**です。

京都市は公家文化の街。優雅な言葉遣いで、はんなりとしていて、時の流れもゆるやか。一方の**大阪市は商人の街**で、威勢がよく軽快なテンポの話しぶりや、動作がせっかちなことは否めません。

古都と称される京都と、商都と呼ばれる大阪は、それぞれに日本を代表する都市ですが、暮らす人の気性にしても、街中の空気感にしても、ずいぶん違いがあるようです。
ちなみに、京都と大阪のどちらからも好感を持たれるのが神戸。「洗練されていておしゃれ」な神戸のイメージが貢献しているようです。

郷土愛から生まれた「上毛かるた」

群馬県出身の人に「つる舞う形の……」といえば、十中八九「群馬県」と返ってくる……といわれるほど、県民に浸透しているのが「上毛《じょうもう》かるた」です。いわゆる**「郷土かるた」で、群馬県の歴史、自然、人物、産業などが読み込まれています。**

上毛かるたが生まれた背景には、太平洋戦争後、GHQにより学校で地理や歴史の授業が停止されていたことがあります。しかし、のちに群馬文化協会の初代理事長となる浦野匡彦は、子どもたちに故郷の歴史や文化を伝えたいと考えていました。

そうしたなかで出会った、キリスト教伝道者の須田清基から、「かるた」で実現させようという提案を受けたのが、終戦の翌年でした。

群馬県の地方紙「上毛新聞」に構想を発表し、題材を募り、文化人や郷土史家などの編纂委員会を立ち上げ、44の句を選び、1947年に発売されたのが「上毛かるた」です。その翌年には、第一回上毛かるた競技県大会が行われています。
読み札には「碓氷峠《うすいとうげ》の関所跡」「日本で最初の富岡製糸」などの歴史、「歴史に名高い新田義貞」「心の燈台　内村鑑三」「誇る文豪　田山花袋」「和算の大家　関孝《せきたか》和《かず》」といった人物、「県都前橋　生糸《いと》の市《まち》」「関東と信越つなぐ高崎市」「桐生は日本の機《はた》どころ」など市の特徴、「裾野は長し赤城山」「利根は坂東一の川」「滝は吹割　片品《かたしな》渓谷」「紅葉に映える妙義山」などの自然、「伊香保温泉　日本の名湯」「草津よいとこ　薬の温泉《いでゆ》」「世のちり洗う　四万《しま》温泉」といった温泉地、「三波石《さんばせき》とともに名高い冬桜」「仙境尾瀬沼　花の原」「水上、谷川　スキーと登山」などの観光名所、さらには「中仙道しのぶ安中杉並木」「ループで名高い清水トンネル」など道路や鉄道の話も盛りこまれました。

　最初に紹介した「つる舞う形の群馬県」は「つ」の読み札で、地図を確かめてみると、群馬県の形は南東の方角に向かって飛ぶ鶴の姿に見えます。

　競技大会のルールでは、読み手が最初に「つる舞う形の群馬県」と必ず二度読み、その次に読まれる札から競技が始まるとされています。

　群馬県民の強い郷土愛が、かるたから伝わってくるではありませんか。

長野県民に愛される県歌の秘密

長野県の特徴を歌詞に入れた「信濃の国」という歌があります。

明治の頃につくられて以来、県民に歌い継がれ、１９６８年（昭和43年）には晴れて「県歌」として制定されました。

作詞の浅井洌《きよし》は、旧松本藩の士族で、教育者として明治から昭和初期にかけて活躍した人物。作曲は東京出身の北村季晴で、作曲家としてだけではなく、作詞家、演出家としても明治・大正期に活躍した人物です。

「信濃の国」の歌詞は、１番から６番まであります。

１番は、信濃国と接する10の国（現在の県）や松本、伊那谷、佐久平、善光寺平という肥沃な平地を有することなど長野県の地理に関する概要が、２番は、御嶽山、乗鞍岳、木曽駒ケ岳、浅間山といった名山と犀川《さいがわ》、千曲川、木曽川、天竜川といった河川、3番は、木曽谷のヒノキや諏訪湖の水産物、養蚕・生糸といった産業、4番は、寝覚ノ床や姥捨山といった名勝・旧跡、5番は、源義仲、佐久間象山といった長野県にゆかりのある歴史上の人物、6番は難所の碓氷峠を克服した鉄道の信越本線といった長野県にまつわる人・事・物が取り上げられています。いわば「長野県の紹介ソング」といえるでしょう。

「信濃の国」はもともと、長野県師範学校附属小学校の郷土唱歌としてつくられたものですが、のちに、その後身にあたる信州大学教育学部附属長野小学校の校歌となっています。

じつはこの「信濃の国」は、長野県の紹介ソングにとどまりません。

県内各地のイベントや行事ではもちろん、結婚式でも歌われます。レコードやCDも発売されていて、カラオケのレパートリーにも入っています。携帯電話の着信メロディもありますから、「おそれいりました」のひとことでしょう。

1998年（平成10年）の第18回冬季オリンピック・長野大会では、開会式、閉会式で日本選手団の入場歌にも使われ、世界中に「信濃の国」が響き渡りました。

これほど県民に愛されている県歌は、類をみないでしょう。

秋田県民はポテトサラダにも砂糖を使う？

秋田には、ハタハタや比内地鶏、曲げわっぱなどいろいろな名物がありますが、秋田出身の人とつき合うと意外な経験をすることがあります。

それは**「砂糖好き」**なこと。

秋田の人たちは、味付けに砂糖を使うのが大好きです。たとえばポテトサラダや炊き込みご飯、納豆、スライストマトにも砂糖を使います。よくある「隠し味」のレベルではなく、お菓子の甘さまでたっぷり入れるのです。

ポテトサラダといえば、塩＋マヨネーズの味付けが一般的でしょう。それがもし砂糖味だったら驚くのは当然です。

なぜ秋田の人たちは、砂糖を入れるのでしょうか。その理由として考えられるのが、**「甘い食べ物＝おいしいもの＝ごちそう」**という図式です。

もっとも、これは秋田の人たちに限ったものではありません。江戸時代以前、甘い食べ物はとても貴重で、その憧れは並々ならぬものでした。

おいしい水を「甘露」と表現することがあります。これは「口当たりがよい」「おいしい」という意味で、「おいしい」と「甘い」という言葉が同じ意味で使われているわけです。「甘い＝ごちそう」という捉え方は、冬の寒さなど厳しい生活を強いられていた東北では一般的だったのでしょう。

そこへ登場したのが、江戸から明治に活躍した北前船でした。秋田には北前船の寄港地があり、北海道（蝦夷地）に向けて積まれた荷のなかには白砂糖がありました。この砂糖が秋田の人々を喜ばせました。特別な日に作られる料理に砂糖をたっぷり使うようになり、現在にまで受け継がれたのではないかと考えられています。

ところで、砂糖にはデンプンの老化を防いだり、水分を抱え込んで離さない働きがあります。ポテトサラダや炊き込みご飯の場合、時間が経っても固くなりにくく、しかも水っぽくなりません。

さらに、砂糖の濃度を高くすると、腐敗や酸化を防ぐ効果もあるのです。秋田の人たちは、こうしたことを経験的に学んでいたのでしょう。

名古屋人は喫茶店がお好き!?

若い人なら「カフェ」と呼び、中高年以上なら「喫茶店」と呼ぶかもしれませんが、待ち合わせに利用したり、ひと休みしたり、憩いの場であることに変わりはありません。

「名古屋の喫茶店のモーニングサービスはすごい！」という話は、よくメディアでも取り上げられます。店によって異なるものの、ボリューム満点のサンドイッチや野菜サラダ、あるいはオムレツやエビフライ、ホットサンドの具材もバラエティ豊かですし、名古屋では定番の小倉トーストの店も数多くあります。

カラフルなフルーツをトッピングしたヨーグルトや、「朝からこれだけ食べられるのか」と思う厚さのトーストの店も。薄いトーストに、ちょっとしたサラダやゆで玉子がついてくる程度の「モーニング・セット」に慣れている人は、とにかく驚くでしょう。

たしかに、都道府県庁のある都市の「喫茶代ランキング」のトップは名古屋市で、1世帯あたりの年間額は1万5000円以上。2位の東京都区部、3位の岐阜市が、それぞれ約1万2000円ですから、まったく危なげない1位です。

4位以下は、奈良市、埼玉県さいたま市、滋賀県大津市、京都市、兵庫県神戸市、神奈川県横浜市、福岡市と続き、ここまでがトップ10です。

反対に、喫茶代の支出が少ないのは、青森市の約2700円を筆頭に、秋田市、沖縄県那覇市、宮崎市、岩手県盛岡市、鳥取市、山形市、福島市、愛媛県松山市、熊本市になっています。

それでは「名古屋は日本一喫茶店だらけの街」なのかといえば、そうでもありません。「人口1000人あたりの喫茶店の数」が愛知県は1・13で、和歌山県と並んで3位。トップは高知県の1・56、2位は岐阜県の1・43です。

5位以下は、大阪府、兵庫県、香川県、京都府、三重県、福井県で、四国の県が2つも入っていることに驚かされます。

支出額、店数を眺めてみると「西高東低」といった感じでしょうか。

青森県内の微妙なライバル関係

「夏の甲子園」の出場校は、まさに郷土の代表で、卒業生ならもちろん、その高校と縁がなくても、つい応援してしまいます。現在暮らしている地域の代表校を熱心に応援する人もいますし、遠く離れた故郷の代表校に声援を送る人もいるでしょう。

ところが、同じ県内でも、反りが合わない地域もあるという話です。

青森県は廃藩置県によって、弘前、黒石、斗南、七戸、八戸の5つの藩が、それぞれ県となったのが1871年(明治4年)。しかし2か月後、その5県と北海道の館県(旧松前藩)の6県からなる**弘前県**が誕生。**この時点では県庁は弘前でした。しかし3週間も経たないうちに県庁が青森に移転し、県名は青森県に変更されたのです。**

青森県全体からみると弘前市が西南地域に位置しているのにくらべて、青森市は、ほぼ中央にありますから、県民全体にとっては青森市のほうが便利かもしれません。

しかし一説によると、城下町として栄えた弘前には江戸幕府の影響が残っていたので、その流れを断ちたかったのではないかともいわれています。

青森市が政治や経済の中心、あるいは交通の要衝となるのは、弘前市にとっておもしろい話ではありません。弘前としては、何か対抗策が必要だったはず。そのひとつといえそうなのが弘前大学です。

1949年（昭和24年）の創立で、現在も青森県内にある唯一の国立大学です。国立大学の名称には原則として、都道府県名、都道府県庁所在地名、あるいは「東北」「信州」「九州」などの地方名が使われますから、「弘前大学」という名は珍しい例で、いわば弘前のプライドなのかもしれません。青森に県都を譲った弘前ですが、教育の分野で一矢を報いたということでしょうか。

青森県には**「津軽vs.南部」**というライバル関係もあります。津軽地方は、江戸時代に**津軽氏が支配した青森県西部の「旧弘前藩、旧黒石藩」**のエリア。一方、南部地方は、**南部氏の所領だった青森県の東半分にあたる「旧七戸藩、旧八戸藩」**のエリアです。地域が異なれば価値観が違うのも当然ですが、青森県の誕生から150年以上を経た現在はワンチームになっているのでしょうか……。

長野県内の微妙なライバル関係

ＪＲの長野駅は北陸新幹線が通っていて、松本駅は東京方面や名古屋方面に向けて特急列車が頻繁に発着しています。県内で唯一の空港である「信州まつもと空港」があるのは松本市です。

長野市には善光寺があって多くの参拝客が訪れ、松本市には、国宝の松本城があって大勢の観光客でにぎわいます。長野高校も松本深志高校も県内有数の進学校で、信州大学の本部は松本市。日本銀行の支店が松本市にはありますが、長野市にはありません。長野市には茶臼山動物園があります。

……と、**「長野市vs.松本市」**の例をあげましたが、ライバル関係の始まりは、明治新政府が廃藩置県で混乱したことにありそうです。

江戸時代末期、信濃国には幕府の天領の伊那のほかに、松代、飯山、岩村田、須坂、田野口、上田、小諸、松本、高島、高遠、飯田という11もの藩がありました。現在も残っている地名が少なくありません。

明治維新後の政府は、１８６９年（明治2年）に旧幕府領を中心に、まず伊那県を設置、その後、１８７０年（明治3年）には、北信と呼ばれる地域を中野県としますが、翌年６月には長野県と改めます。ところが、その翌月に、北信地域に松代・飯山・須坂・上田・小諸・岩村田の６県が、南信と呼ばれる地域には松本・高島・高遠・飯田の４県が成立して乱立状態に。さらに、その４か月には、北信地域を統合し、長野市に県庁を置く長野県になります。一方、南信地域に飛騨なども加えた筑摩県が誕生、県庁は松本市です。

しかし、明治９年になると、筑摩県は一部が岐阜県に移管され、残りは長野県に併合されてしまい、その県庁は長野市に。つまり、**南信地域は筑摩という県名を失い、松本市は「県庁所在地という肩書」を失った**わけです。

南信地域にとっても、松本市にとっても許しがたい事態です。そこで「県庁を松本に移そう」「長野県を二つに分けて松本県をつくろう」という動きも生まれたり、何かにつけて松本市は長野市と張り合うそうです。

近江商人が大切にした「三方よし」

日本一大きい琵琶湖を擁する滋賀県の面積は約4000平方キロ。そのうち琵琶湖の面積は約670平方キロです。

県の面積の6分の1を占める琵琶湖の存在価値は大きく、「近畿の水がめ」として、観光資源として、漁の場所として、多くの役割を担っています。

「近江国」と呼ばれていた江戸時代には、東海道と中山道とが接する宿場町の草津（群馬県ではありません）があり、交通の要衝として栄えました。

滋賀県は近江商人の発祥の地です。こうした交通の利便性を活かしながら、**売り手・買い手・世間のすべてが満足する「三方よし」**を経営哲学として、伊勢商人や大阪商人に並ぶ日本の三大商人として活躍しました。「勤勉」「実直」といった近江商人の特徴は、現在の滋賀県民にも、引き継がれているのではないでしょうか。

日本の「長寿県」はどこ？

日本人の平均寿命は男性が81・5歳、女性が87・6歳ですが、これはあくまでも「平均」で、100歳以上は9万人を超えています。いわゆる「人生100年時代」も、すぐそこまで近づいているようです。

さて、日本の「長寿県」はどこでしょうか？

男性のトップは、82・73歳の滋賀県で、2位以下は、長野県、奈良県、京都府、神奈川県、石川県、福井県、広島県、熊本県、岡山県までがトップ10。

女性は、88・29歳の岡山県がトップで、2位以下は、滋賀県、京都府、長野県、熊本県、島根県、広島県、石川県、大分県、富山県までがトップ10です。

男女そろってのランクインは、岡山、滋賀、長野、京都、石川、広島、熊本です。夫婦で一緒に暮らしていれば、同じようなライフスタイルや食生活になるはずで、それが健康的な生活となっているのでしょう。ある長寿県によれば「単身高齢者が少ない」「多量飲酒をする人が少ない」という傾向があったそうです。誰かと会話を交わしたり、お酒はほどほどにするのが長寿の秘訣ということでしょうか。

一方、最も短かったのは、男性が、青森県の79・27歳。以下、秋田県、福島県、岩手県、沖縄県、高知県、大阪府と続きます。女性で最も短かったのは、青森県の86・33歳。以下、福島県、栃木県、茨城県、岩手県、北海道、秋田県の順。このときの調査で、青森県は男女ともに「残念な1位」になってしまいました。

「男女ともに不名誉なランクイン」は、秋田、福島、岩手の3県。みな東北地方で、冬の厳しい寒さが影響しているのかもしれません。また、総じて味つけの濃い、つまり塩分の多い食事も長寿を妨げているともいわれます。

とはいえ、日本全体としては、世界的にみても、84・3歳で1位。2位のスイスに1歳の差をつけています。

ちなみに、WHO（世界保健機関）によると、世界全体の平均寿命は男性70・8歳、女性が75・9歳で、日本は世界とくらべて10歳以上も長寿になっています。女性のほうが長生きであることは、日本も世界も変わりません。

都道府県庁舎の高さ日本一は？

老朽化や行政サービスの多様化などに伴って、各地に新しい県庁舎などがつくられています。総じていえるのが「高いビル」になっていること。

その代表が1991年（平成3年）に竣工した**東京都庁第一本庁舎**。**地上48階・地下3階で、高さは約243メートル**。日本一の高さを誇る都道府県庁舎です。

2位は群馬県庁舎。前橋市にあり、高さは約154メートル。地上33階・地下3階。3位は茨城県庁舎。水戸市にあり、高さは約116メートル。地上25階・地下2階です。以下、4位は香川県庁舎、5位は岐阜県庁舎です（高さ256メートル、地上55階・地下3階の大阪府咲洲《さきしま》庁舎は特別枠とされる）。

このように高い建物になっているのは、やはり無意識のうちに「わが県の城」をシンボルとして求めているからかもしれません。

持ち家率が高い県の共通点って？

時代とともに価値観や家族のかたちが変わり、一戸建てや分譲マンションにこだわらない人も少なくないようです。とはいえ「一国一城の主」になるのは、やはり大きな夢でしょう。

よく話題になるのが**「持ち家率」**で、**しばらくは富山県が80パーセント近くという高率で全国トップを走っていました。**ところが、**このところ富山県を猛追し、さらに追い越して全国1位に輝いたのが秋田県。**なおかつ、一人あたりの居住室の畳数でも、およそ18畳で1位でした。

僅差で2位になった富山県も持ち家率は77パーセント、さらに**山形県と福井県**が75パーセントで同率第3位に。

ここまでの県名を見て「日本海側が多い」と気づいた人もいるでしょう。そのとおりで、新潟県の持ち家率も70パーセントを超えています。

3位が二県あることに象徴されるように、この四つの県はしのぎを削っている状態です。今後は順位の入れ替わりもありそうで、三つ巴ならぬ四つ巴、あるいは四天王とでも呼べそうです。

日本海側以外で持ち家率の高い県は、岐阜のほか、三重、奈良、和歌山と紀伊半島の三県が並びます。

逆に持ち家率が低い都府県は、東京都の45パーセント、福岡県の53パーセント、大阪府の55パーセントなど、大都市圏が並びます。限られた土地をオフィスビルや商業用地、工場用地などに利用すれば、住宅用の土地は限られます。ただでさえ人口の多い都府県でもあり、住宅の需給バランスもいいとはいえないでしょう。

最も低い持ち家率となったのは沖縄県の44パーセント。多くの島からなる沖縄県のことなので、住宅に向いた土地が限られています。それに加え、「賃貸住宅で十分」「賃貸住宅の方がスマートな暮らしができる」と割り切って考える県民も少なくないようです。

第4章

名物のご当地おもしろ雑学

元祖・温泉まんじゅうのご当地はどこ？

温泉旅行の帰りに「お土産を」となると、ハズレがないのは温泉まんじゅう。小ぶりの茶色いまんじゅうで、お茶によく合います。値段も手頃なものが多く、お土産の定番といえるでしょう。

温泉まんじゅうの元祖といわれているのが群馬県・伊香保温泉の「湯乃花《ゆのはな》まんじゅう」で、１９１０年、明治の頃に、勝月堂《しょうげつどう》という団子の店の初代当主が考案したというのが定説です。

「湯乃花まんじゅう」の皮が茶色いのは、黒糖入りの生地を使っているため。では、なぜ茶色くしたかといえば、鉄分を豊富に含む伊香保の湯が茶褐色で「黄金の湯」と呼ばれていたことから、伊香保らしさを表現したといわれています。

全国に「温泉まんじゅう」が広がったのは、１９３４年（昭和９年）に、当時の陸軍の演習を視察するために行幸した昭和天皇に献上されたのがきっかけとされています。それ以後、日本各地に茶色い温泉まんじゅうが続々登場したというわけです。

現在では、全国の温泉地で売られ、草津、箱根、熱海、塩原、あわら、山代《やましろ》、有馬、別府、湯布院、雲仙などで観光客に人気です。

ところで、温泉旅館の部屋に通されると、お茶と甘いお菓子が用意されています。じつは、ただの「歓迎のしるし」ではなく、お菓子に「低血糖予防」という大切な役目があるからです。

一般的に、お風呂につかると一時的に血糖値が下がりますし、当然、のども渇きます。旅の疲れがあればなおさらでしょう。

「温泉につかる前に、お菓子を食べて血糖値を上げ、お茶を飲んでのどをうるおす」というのが理にかなった入湯方法というわけですね。

果樹王国・和歌山が誇る南高梅

日本で最も多く収穫されている果物といえば、みかんです。2021年の果樹の収穫量は、温州みかん（75万トン）、リンゴ（66万トン）、スイカ（32万トン）、柿（19万トン）、日本梨（18万トン）がトップ5となっています。

みかんで日本一の収穫量を誇るのが和歌山県。有田地域の**「有田みかん」**の名は全国区でしょう。読み方が「ありた」ではなく「ありだ」であることはご存知でしょうか。

では、和歌山県の〝果樹王国〟ぶりを紹介しましょう。

柿の収穫量も4万トンを超えて日本一。2位はお隣の奈良県（3万トン）ですから、紀伊半島の中西部は「柿のメッカ」といえるでしょう。正岡子規の俳句「柿食えば鐘が鳴るなり法隆寺」で詠まれた法隆寺は奈良県斑鳩《いかるが》町にあります。

日本で育てられている果物のトップ10に入らなかった「はっさく」ですが、和歌山県は、全国の収穫量の7割以上。「いちじく」は2000トン超で、首位の座にありますが、2位の愛知が1800トンと追い上げています。

そして、和歌山県が全国的に有名なのが、梅でしょう。

梅の収穫量は6万4000トンで、**全国の収穫量の7割近くが和歌山県産**。言うまでもありませんが、あまりにも有名な**南高梅《なんこううめ》**の産地です。

紀伊田辺藩では江戸時代に、やせ地で育つ梅の栽培がすすめられ、その梅干しが江戸でも人気になりました。

やがて明治になり、上南部村（現みなべ町）の村長の長男の高田定楠が優れた母樹を育て上げました。昭和になると調査の結果、高田氏の梅が最優秀品種に選ばれたのです。この時の調査に力を尽くしたのが南部《みなべ》高校の先生や生徒で、校名と高田氏にちなんで「南高梅」とされたとか。

2位の群馬県は3700トン、3位の山梨県が1700トンと聞けば、他を寄せつけずダントツの収穫量だとわかるでしょう。

メロン・イチゴは北関東勢が強い

贈答品やお見舞いで定番の果物といえば**メロン**。北海道の「夕張メロン」や熊本県の「肥後グリーン」が有名です。メロンの生産量は、北海道がおよそ2万3000トンで3位、熊本は2万4000トンで2位と拮抗しています。

そして、**3万7000トンと大差をつけて1位に輝くのは茨城県。「イバラキング」**というオリジナル品種のほか、春メロンの「オトメ」「アンデス」、赤肉メロンの「クインシー」、縦長の「タカミ」、そして「アールス」といった品種をとりそろえています。

おいしいメロンをつくるために必要なのは、水はけのいい土地と温暖な気候です。そのため、水はけのいい火山灰土で、年間を通して温暖、しかも昼夜の温度差がある環境に恵まれた鉾田《ほこた》市、八千代町、茨城町はメロンの名産地になりました。

さて、「好きな果物」の調査で1位になるのがイチゴです。そのまま食べてもおいしいし、ケーキの上に並んだ真っ赤なイチゴは、さわやかにしてキュート。一番人気になるのももっともです。

「イチゴの王様」と呼ばれるのが「あまおう」で、これは福岡県が6年かけてつくったブランドです。その名は「あかい」「まるい」「おおきい」「うまい」の頭文字をとってつけられました。八女《やめ》市、久留米市などが主な産地。福岡県のイチゴ生産量は約1万7000トンで、全国2位です。

福岡県を大きく引き離して1位になったのは、やはり北関東の栃木県。「とちおとめ」を主力に「とちひめ」「なつおとめ」「スカイベリー」「ミルキーベリー」「とちあいか」など、さまざまな品種を誕生させています。栃木県のイチゴ生産量は2万4000トンで、日本のイチゴ生産量の15パーセントに及びます。

3位は「ひのしずく」「さがほのか」「紅ほっぺ」などを擁する熊本県で生産量は1万2000トン。そのあとは、1000トン差で愛知県が4位につけています。愛知県では「とちおとめ」「章姫」「紅ほっぺ」「ゆめのか」ががんばっています。

〝殿様〟が発案した木彫りの熊

北海道は、明治時代になってから政府が「開拓使」という官庁を設け、本格的な開拓がなされた地です。当時の東京から考えれば遠く離れた北の大地で、冬の寒さの厳しさに、開拓民は想像を絶する苦労を味わったことでしょう。

そうしたなか、**開拓民の副業として考え出されたのが「木彫りの熊」**でした。発案者とされているのは**尾張徳川家の第19代当主・徳川義親《よしちか》**で、当時、北海道の八雲村（現八雲町）にあった徳川家の開墾場を訪れ、熊狩りも楽しんだそうです。

欧州旅行中にスイスで見た木彫りの鹿や熊をヒントに、義親は、木彫りの熊を思いつき、開拓民の現金収入に結びつくと考えて提案。開拓民には、かつての尾張藩士も少なからずいましたから、義親は「部下思いの上司」といえるかもしれません。木彫りの熊の誕生は、1922年（大正11年）と伝えられています。

お土産にしたい！　ご当地の定番和菓子

全国各地のご当地お菓子、「郷土菓子」の定番を紹介しましょう。

青森県、岩手県なら「南部煎餅」。江戸時代に南部藩が治めていた地域で食べられていた煎餅です。その特徴は「みみ」と呼ばれる、縁の薄くカリッとした部分。小麦粉を水で練って型に入れて焼いてつくられた保存性にも優れたお菓子です。

千葉県なら「ぬれせんべい」。銚子市は醤油の産地であると同時に米の産地でもあり、古くから煎餅がつくられていました。最初は、醤油がしみ込みすぎて売り物にならないものを「おまけ」としてお客さんに配っていたのですが、評判がいいことから商品化すると人気に。この「ぬれせんべい」には鉄道会社を救ったエピソードもあります。

銚子電鉄は副業として「銚子電鉄のぬれ煎餅」を販売していましたが、経営状態が悪化し、存続が危ぶまれます。銚子電鉄が会社の窮状を訴えると、全国から「銚子電鉄のぬれ煎餅」の通信販売による注文が殺到し、危機を脱することができたのです。

京都の「八ツ橋」は、米粉、砂糖、ニッキを材料にした焼きせんべいの一種で元禄時代に生まれたと伝えられています。その後、1960年代に登場した「生八ツ橋」も人気のお菓子になっています。

もみじをかたどった焼きまんじゅうが**広島県の「もみじ饅頭」**。名前の由来は、宮島にあるもみじの名所「紅葉谷」です。日本三景のひとつである「安芸の宮島」のお土産品だったものが、現在は広島県を代表するお土産菓子のひとつに。「全国お土産ランキング」では上位の常連で、1位を獲得したこともあります。

福島の「薄皮饅頭」は、黒糖入りの茶色い薄皮であんを包んだもので、江戸時代、奥州街道の宿場町だった郡山の茶屋で、旅人に出したのが始まりとされています。

岡山の「大手まんぢゅう」は、甘酒の香りが漂う上品なまんじゅうです。日数をかけて作り上げた甘酒に小麦粉を加えて発酵させた生地で、こしあんを包んで蒸しあげたもの。岡山城大手門の付近にこれを売る店があったことから、その名がついたと伝えられます。

ご当地を代表する団子・餅といえば

山梨県といえば「信玄餅」。黒蜜ときな粉をまぶして食べるのですが、武田信玄の陣中食がルーツともいわれています。

徳川家康が命名したとされるのが、**静岡県の「安倍川餅」**。安倍川の上流にあった金山を視察に訪れた家康に、茶店の店主が、金に見立てたきな粉を餅にまぶして献上すると「安倍川餅と呼ぶがよい」と言ったと伝えられています。

愛知県の「ういろう」は名古屋名物。米粉を主原料にしているため、餅のような弾力が特徴です。「歌舞伎十八番」のひとつに「外郎売《ういろううり》」がありますが、こちらは「小田原の医薬品・ういろう」がモチーフになっていると伝えられています。

三重県の「赤福」は餅をこし餡で包んだ、いわゆる「あんころ餅」の一種。とてもやわらかく、持ち運びには注意が必要ですが、味は一級品。餡につけられた印象的な3本の筋は、地元を流れる五十鈴《いすず》川を表わしたものといわれています。
福岡県の「梅ヶ枝餅」は、薄い餅の生地で小豆餡をくるみ、鉄板で焼いた焼餅で、表面には梅紋の焼き印がついています。

大宰府に左遷された菅原道真は、不遇の日々を送っていました。その姿を憐れんだ老女が、梅の枝に餅を刺して差し入れたのが始まりといわれ、菅原道真を祀る太宰府天満宮の門前の茶店や土産物店の名物になっています。

「吉備国」は岡山県の旧国名、なおかつ、桃太郎伝説も残る土地となれば**「きびだんご」**が名物菓子となるのは必然でしょう。昔は、その名のとおりイネ科の穀物である黍《きび》からつくられていたようです。ちなみに、桃太郎が連れていた犬は「忠誠心」、猿は「知恵」、雉《きじ》は「勇気」の象徴で、こうした家来をもつことが主君としての理想であるとされています。

愛媛県の「坊ちゃん団子」は1本の串に「緑色、黄色、小豆色の三つのあんに包まれた餅」が並ぶカラフルな団子。夏目漱石の『坊ちゃん』に「大変うまいと云う評判だから、温泉に行った帰りがけに一寸食ってみた」と登場します。ただ「当時はあんこは赤と白。ひと串に団子を三つ刺していた」という研究も。

外れなし！　ご当地の定番洋菓子

まずは**北海道の「白い恋人」**。１９７６年（昭和51年）に登場したラング・ド・シャで、ホワイトチョコレートをはさんだ洋菓子。「白い恋人ブラック」も人気です。

宮城県は「萩の月」です。萩の名所として知られる仙台平野から眺めた月をイメージしたネーミングといわれ、カスタードクリームをカステラで包んでいます。

「鳩サブレー」は、鎌倉・鶴岡八幡宮のお土産から、神奈川を代表する銘菓となりました。外国人からビスケットをもらった久保田久次郎という人物がつくりあげたもので、鶴岡八幡宮で神の使いとされた鳩をかたどったお菓子です。

発売された明治時代には「鳩三郎」と呼ばれていました。久次郎自身も「サブレー」という言葉になじみがなかったためと伝えられています。商品名はもちろん「鳩サブレー」ですが、「鳩三郎」というマスコットグッズがあります。

長崎県民がこよなく愛する焼き菓子

焼き菓子といえば、長崎のカステラがあげられます。カステラは、ポルトガルから伝わったお菓子を日本風にアレンジした和菓子。長崎県の代表的なお土産であることに異論はないでしょう。内田康夫さんのミステリーの浅見光彦シリーズに『長崎殺人事件』がありますが、長崎市の老舗のカステラ屋さんが登場します。

じつは、ポルトガルに「カステラ」という名のお菓子はなく、かつて、イベリア半島に存在した**「カスティーリア王国」という王国の国名が「カステラ」の名の由来**と考えられています。ちなみに、長崎県民の「カステラ年間購入額」はおよそ6000円で日本一。全国平均の7倍にもなります。

「お茶とみかん」で終わらない、静岡の実力

静岡県といえば**「お茶とみかん」**をイメージする人も少なくないでしょう。たしかに、静岡県のお茶の生産量は、全国の4割にあたる約2万7000トンでトップです。川根《かわね》茶、掛川茶、天竜茶などが広く知られています。

京都の宇治茶、三重の伊勢茶、福岡の八女《やめ》茶、埼玉の狭山茶など、各地に「茶どころ」が多いなかで、ナンバー2は知覧《ちらん》茶で有名な鹿児島県。全国の38パーセントを占め、静岡を猛追しています。

三重県が3位になっていますが、割合としては全国の生産量の1割弱。つまりお茶の生産量は「静岡と鹿児島の2強」というわけです。栽培面積もトップの静岡県は、およそ1万3000ヘクタール、2位が鹿児島県の約8200ヘクタールと、3位の三重県を大きく引き離し、こちらも2強ぶりを発揮しています。

みかんについては、和歌山県、愛媛県に次いで3位の静岡県ですが、収穫量が10万トンを超える一大生産地であることに変わりはありません。

ちなみにJR東海道本線を走る電車は「湘南色」と呼ばれる緑色とオレンジ色のラインが目印で、「お茶とみかん」をカラーリングに採用したといわれています。

じつは、静岡県は「お茶とみかん」だけでは終わらないのがすごいところ。

まずはピアノで、**国内のピアノのほぼ100パーセントが静岡県でつくられています。浜松市には世界一のピアノ生産台数を誇るヤマハや、ピアノ販売で世界2位のシェアを占める河合楽器製作所がある**ほか、独自路線を歩むピアノメーカーもあります。ピアノだけではなく、シンセサイザーで知られるローランド、鍵盤ハーモニカの鈴木楽器製作所、ギターやベースのエフェクターメーカーのボスなどもある浜松市は「楽器の街」と呼ばれています。

続いては**プラモデル**。全国の「プラスチックモデルキット」の年間出荷額は、およそ242億円ですが、**静岡県は、その9割以上**の222億円で、ピアノと並んで「一人勝ち」です。なお、いわゆる「プラモデル」は、経済産業省の「工業統計表の品目」では「プラスチックモデルキット」となっています。

人々の祈りが込められた郷土玩具

素朴なのに味わいがある……それが郷土玩具の魅力ではないでしょうか。そこには、子どもの健やかな成長を祈る親や周囲の人たちの願いが込められています。

よく知られているのが、**福島県会津地方の「赤べこ」**。張り子の赤い牛で、子どもの魔除けとされました。赤い色には魔除けの効果があると信じられているのは、

神社の鳥居を見てもわかるとおり。赤べこにほどこされた黒い斑点は「痘《とう》」（疱瘡《ほうそう》）を表わし、「たとえ病にかかっても重くなりませんように」という祈りが込められています。

豊臣秀吉の命令により、伊勢から会津へ領地を移された蒲《がも》生《う》氏郷《うじさと》は、殖産振興のために技術者や職人たちを招きました。赤べこを作るうえで必要な張り子の技術は、そうした人たち

から、地元の人たちに伝わったとされています。

栃木県には「黄鮒《きぶな》」があります。昔々、疫病が蔓延したときに、黄色い鮒を釣り上げて食べた人が病気にかからなかったという言い伝えから生まれた楽しい郷土玩具です。

家庭でつくるのも、それほど難しくはありません。木型に和紙を張りつけて乾燥させたら、腹の部分を切り、木型を取り出します。切り口には紙を貼り、鮒らしくヒレをつけ、それが乾いたら、形を整え、色を塗ればできあがり。お正月や子どもの記念日などには、棒などに吊り下げる紐をつけて黄鮒を吊るして飾ります。

広島県の「田面船」は尾道市の郷土玩具。わかりやすくいえば屋形船の両側に車輪をつけたおもちゃ。「たのもぶね」と読み、旧暦の8月1日に行われる新生児のお祝いである「八朔の節句」に贈られます。

宮崎県の「うずら車」もユニークな存在です。鳥の「ウズラ」の姿に似せてつくられた木製の玩具で、左右に車輪がついていて、引っぱれば動く構造で、いかにも子どもが喜びそうですね。

職人技に魅了される伝統工芸品の数々

「経済産業大臣が指定する伝統的工芸品」は240を超える品目があります。すべての都道府県に少なくともひとつ以上はあり、最多は20品目を超える東京都。

「江戸切子」は、東京を代表する伝統工芸品のひとつ。江戸時代後期から生産されているガラス細工です。そのルーツは、ビードロ屋の加賀屋久兵衛がイギリスのカットグラスを真似して、ガラスの表面に模様を刻んだことといわれています。

神奈川県の「箱根寄木細工」は、色合いの異なるさまざまな種類の木材を組み合わせて模様を描きだす木工技術。縞模様や市松模様、菱形や矢羽根などのほか、幾何学模様もあります。一説には、寄木細工の起源は、平安時代にさかのぼると伝えられています。

箱根寄木細工で人気の作品のひとつが**「秘密箱」**で、箱の側面を順番にスライドさせると開けられるという仕掛けが。江戸時代の後期には、その技術があったとされ、明治時代には「智恵箱」とも呼ばれていたようです。現在のような「秘密箱」は、指物職人の大川隆五郎氏によって、1894年（明治27年）頃に考案されたと伝えられています。箱根寄木細工は、日本人観光客だけではなく、外国人旅行者にも人気です。

「他を抜く」に通じることから、商売繁盛を願って店先に、タヌキの置物がある店があります。たいていは「編み笠をかぶり、少し首をかしげて、右手に徳利、左手に通帳を持って立っている姿」で、酒買い小僧と呼ばれる**信楽《しがらき》焼。滋賀県甲賀市でつくられる陶器で、タヌキの置物の登場は1951年（昭和26年）のことでした。**

良質の陶土に恵まれた信楽の地は、それ以前から陶器の産地で、信楽焼は、愛知県の「瀬戸焼」「常滑《とこなめ》焼」、福井県の「越前焼」、兵庫県の「丹波《たんば》立坑《たちくい》焼」、岡山県の「備前焼」とともに「日本六古窯」のひとつにも数えられています。

信楽焼には、茶わんや皿、マグカップ、ティーポット、プレート……など、さまざまな陶器があります。11月8日を「信楽たぬきの日」として、観光協会がアピールしています。

ご当地ならではの食材に出会える市場

鮮魚店、干物店、青果店など、およそ40軒が並ぶ**北海道函館市の「はこだて自由市場」**は、プロの料理人が訪れるだけでなく「市民の台所」とも呼ばれ、さらに観光客にも大人気のスポットです。店によって異なりますが、早いところでは、朝の7時から開いていますから、早朝散歩がてら立ち寄る人も少なくないようです。

太平洋戦争が終結した1945年（昭和20年）の夏、いわゆる「闇市」として始まったのが起源とされています。食糧事情がひどく悪かった当時、市民には不可欠な存在だったでしょう。その後、現在の位置に移転して発展をとげますが、1995年（平成7年）に火災で焼失。しかし、行政や市民、さらには全国からの支援もあって、翌年の夏に再開。現在に至っています。

つぎに紹介したいのが「WELCOME　ようこそ　さかなの国へ」という大き

な看板が迎えてくれる**静岡県の「焼津さかなセンター」**。新鮮な海の幸を取りそろえた70もの店がズラリと並びます。焼津港のほか、小川港、大井川港からも運ばれてくるので、鮮度は抜群、種類も豊富とあって大人気の市場です。お茶を扱う店もあるのは静岡らしいといえるでしょう。

定食や丼などを、その場でいただける店もありますが、圧巻は大食堂で、二階建てになっていて総席数は９００席という大スケールです。

土佐の風土に育まれた食文化や商い文化を受け継ぐために設けられた「場所と食とを提供する集合型の屋台村」が**高知県高知市の「ひろめ市場」**。その名称は、この地に土佐藩の名家老とうたわれた深尾《ふかお》弘人《ひろめ》蕃顕《しげあき》の屋敷があったことに由来します。

鮮魚店、精肉店、飲食店のほか、洋服や雑貨を扱う店など60もの店が集まっています。いたるところにテーブルが設置されていて、お店で買った料理や飲み物をその場でいただけるとあって大にぎわい。

お酒も飲めるフードコートとして、地元の人たちにとっての社交場であり、観光客も楽しめる空間でもあります。区分けされたブロックは「お城下広場」「龍馬通り」「はいから横丁」などユニークなネーミングがされています。

観光名所の高知城や県立文学館、龍馬の生まれたまち記念館も徒歩圏内にあり、街歩きを楽しみながら、ひと休みできるのもうれしい話。

「北九州の台所」と呼ばれているのが**福岡県北九州市小倉北区にある「旦過市場」**です。「たんがいちば」と読みますが、「旦過」という名称の由来として、ふたつの説があります。ひとつは、雲水（旅の僧）のための宿泊所が「旦過寮」と呼ばれたこと。もうひとつは「宿泊した雲水たちが、早朝（つまり「旦」）に旅立った（「過ぎ去った」）こと」で、いずれも小倉北区にある宗玄寺とかかわりがあると伝えられています。

鮮魚、精肉、青果、惣菜などを扱う店が、200軒以上並ぶという一大商店街で、新鮮な食材やお土産を選ぶのにもってこい。一般消費者の主婦はもちろん、プロの料理人も買付けに訪れるほどですから、観光客にとっても魅力ある場所であるのは間違いありません。

水害や火災に見舞われたこともありますが、不屈の精神で立ち直るたくましさも併せ持つ市場です。

第5章 社寺や名所のご当地おもしろ雑学

日本三大仏――奈良と鎌倉、あとひとつは？

奈良市・東大寺の大仏といえば、関西だけでなく、日本各地から「中学あるいは高校の修学旅行で訪れた」という声が聞こえてきそうです。正式名称を「銅造《どうぞう》盧舎《るしゃ》那仏《なぶつ》坐像《ざぞう》」といい、天平の752年に開眼供養会が行われた国宝。像の高さは約15メートルで、目にしたとたん、思わず拝みたくなるような存在です。

神奈川県鎌倉市・高徳院の大仏は、1243年（寛元元年）に開眼供養が行われた「銅造阿弥陀如来坐像」で、やはり国宝。像は11メートルを超える高さを誇ります。大仏像内は空洞で、一般拝観者が大仏内部を見学することもできます。

いずれも「日本三大仏」に数えられています。しかし「続いて……」と紹介するはずの、もうひとつが諸説入り乱れているのです。

江戸時代までは、**京都市・方広寺の「京の大仏」**でした。高さが19メートルという像でしたが、江戸時代に落雷で焼失しています。

明治時代には、**兵庫県神戸市・能福寺の「兵庫大仏」**が数えられました。ところが、太平洋戦争中に金属類回収令で供出させられて姿を消し、兵庫大仏が再建されたのは1991年（平成3年）のことです。

終戦後、三尊目として挙がったのが、**富山県高岡市・大佛寺の「高岡大仏」**（銅製阿弥陀如来坐像／像の高さ約7メートル／高岡市指定有形文化財）と、**岐阜市・正法寺の「岐阜大仏」**（木造阿弥陀如来坐像／座像の高さ約14メートル／岐阜県指定重要文化財）でした。また、2代目の「兵庫大仏」や東京都板橋区・乗蓮寺の「東京大仏」（青銅製の鋳造大仏）が三尊目として挙げられたこともあります。現時点で「日本三大仏は確定されていない」とされていますが、それぞれに「三大仏のひとつ」を名乗っているようです。

大仏といえばスルーできないのが**「牛久《うしく》大仏」**。茨城県牛久市にあるブロンズ製の大仏立像で、全高は120メートル（像の高さが100メートル、台座の高さが20メートル）でニューヨークの「自由の女神」を凌ぎます。立像としては世界で6番目の高さ、「世界一の大きさのブロンズ製仏像」としてギネスにも登録されています。

四国のお遍路――発心・修行・菩薩・涅槃の道場

「お遍路が一列に行く虹の中」。白装束で杖をついて歩く姿が浮かぶこの句は、俳優の渥美清さんの作品。寅さんを演じた俳優の素顔は、ときに俳人でもありました。

空海こと弘法大師が修行した四国の地で、八十八か所の寺を選んで開創されたのが「四国八十八箇所霊場」。最初は修行僧がめぐったようですが、その後、一般の人もめぐるようになり「お遍路」と呼ばれています。

徳島県鳴門市にある霊山寺が「第一番札所」で、ここからお遍路の旅が始まります。徳島県内の霊場をめぐり、海部郡美波町にある薬王寺が徳島県の最後となる第二十三番札所です。徳島県の旧国名の**「阿波」は「発心《ほっしん》の道場」**と呼ばれています。

高知県に入り、第二十四番札所が室戸市の最御崎寺で「ほつみさきじ」と読みます。高知県内最後の霊場は、宿毛市の延光寺で第三十九番札所。高知の旧国名の

「土佐」は「修行の道場」と呼ばれています。

愛媛県で最初の霊場は南宇和郡愛南町にある観自在寺。第一番札所の霊山寺から最も遠い場所にある第四十番札所。愛媛県内最後の霊場は第六十五番札所となる四国中央市の三角寺で、愛媛の旧国名の**「伊予」は「菩薩の道場」**と呼ばれています。

　お遍路の旅が香川県に向かうところで、徳島県にいったん入ります。第六十六番札所の雲辺寺です。所在地の三好市は香川との県境に近く、空海の時代には詳細な地図もなく、明確な行政区分の判断も難しかったことからすれば、偶然このルートになったのでしょう。ただ、もしも空海が何らかの意図をもって設定したとすれば、たとえば「ここで初心に返る」と考えたのかもしれません。

　香川県で最初の霊場は三豊市にある大興寺で、第六十七番札所です。香川県最後の霊場は第八十八番札所の、さぬき市にある大窪寺。香川の旧国名の**「讃岐」は「涅槃《ねはん》の道場」**と呼ばれています。お遍路の旅が終わるこの寺で、一緒にめぐった「金剛杖」を納めるのがならわしです。

日本の三名園――偕楽園・兼六園・後楽園

日本各地に「大名庭園」と呼ばれる庭園があります。江戸時代に各藩の大名が築造したのですが、各藩が競い合ったため、当時の造園技術は格段に発達しました。

とりわけ、**茨城県水戸市の偕楽園《かいらくえん》、石川県金沢市の兼六園《けんろくえん》、岡山市の後楽園《こうらくえん》は、日本三名園**と呼ばれ、現在は市民の憩いの場になり、また、多くの観光客が訪れる空間になっています。

偕楽園は、**水戸藩第九代藩主の徳川斉昭《なりあき》**が造りました。その名は、中国の古典『孟子』の一節にある「古の人は民と偕《とも》に楽しむ、故に能く楽しむなり」という言葉に由来し、斉昭が領民思いだったことが偲ばれます。

とりわけ有名なのが、およそ100品種、3000本といわれる梅で、「水戸の梅まつり」は大勢の人出でにぎわいます。梅だけではなく、「水戸の桜まつり」、

「水戸のつつじまつり」と続き、秋には「水戸の萩まつり」と、季節ごとの花の楽しみがあります。

偕楽園の隣には、**時代劇「水戸黄門」のモデルとなった第二代藩主の徳川光圀《みつくに》と、斉昭公を祀る常盤《ときわ》神社**があります。偕楽園は「常盤公園」という名で、国の史跡及び名勝に指定されています。

兼六園は**「加賀百万石」で知られる加賀藩第五代藩主の前田綱紀《つなのり》**が別荘を建て、周囲を庭園にしたのが始まり。その名については諸説ありますが、一説には、白河藩主の松平定信が、前田家の依頼に応じてつけたと伝えられています。

春の桜、初夏のツツジやサツキ、秋の紅葉、冬の雪吊りと、一年を通して見どころのある庭園。とりわけ「雪吊り」は、雪の重さで松の枝が折れるのを防ぐために縄で枝を吊るもので、兼六園の冬の風物詩としてメディアでもしばしばとりあげられます。

霞ヶ池からの水圧を利用して、3・5メートルの高さまで上がる「日本初」といわれている噴水も見もの。第十三代藩主の前田斉泰《なりやす》が金沢城内の二の丸に水を引くために試作させたものと伝えられています。

また、池のほとりにある小さな二本足の灯籠は、琴の糸を支える柱の「琴柱《ことじ》」に似ているために「ことじ灯籠」と呼ばれ、撮影スポットになっています。

後楽園は**岡山藩第二代藩主の池田綱政《つなまさ》**が造らせた庭園。岡山市内を流れる旭川をはさんで、岡山城の対岸の中州に位置します。その当時、流行し始めていた池泉回遊式の庭園で「御後園」と呼ばれていたと伝えられます。

「後楽園」という名称になったのは明治時代のはじめで、中国の書にある「先憂後楽」からとって「後楽園」と改められました。「先憂後楽」とは、為政者が天下のことを他人よりも先に憂え、人よりも後れて楽しむことをいったものです。

歴代の藩主がみずから能を舞って客人に披露したり、客をもてなす場になったり、いわば迎賓館としての役割を果たしました。

この「後楽園」が、じつは周囲は土塁と竹垣で囲まれていたという話があります。「庭園と見せかけながら、じつは城を守る郭の役割をもたせていた」と見る向きもあるのです。

もともとは大名庭園だった公園がズラリ

いずれも大名庭園として造られた日本三名園ですが、日本各地の公園や庭園のなかには大名庭園を起源とするものも少なくありません。

新潟県新発田《しばた》市の清水園は、新発田藩主の溝口宣直《のぶなお》によって造られ、はじめは地名にちなんで清水谷御殿と呼ばれていました。近江八景を取り入れた回遊式庭園で、「清水園」という名称は戦後になってからのものです。

都会のオアシスとなっている**東京の浜離宮恩賜《おんし》庭園**には、甲府藩下屋敷の庭園として造られ、その後、徳川将軍家の離れ御殿、さらには宮内省管理の離宮だった歴史があります。現在は都立公園のひとつです。

愛知県名古屋市東区の徳川園は、尾張藩主の徳川光友により造営された大名庭園がルーツ。しかし、太平洋戦争中の名古屋大空襲で被災し、破壊されます。それでも、翌年には「葵公園」として再開され、1989年（平成元年）には「徳川園」と改称されました。

滋賀県彦根市の玄宮《げんきゅう》園は、彦根藩主の井伊直興《なおおき》が整備したと伝えられていて、隣接する楽々園は井伊家の下屋敷に造られています。

和歌山市の和歌山城西之丸庭園は、紀州藩初代藩主の徳川頼宣《よりのぶ》が、その名のとおり和歌山城の西之丸に隠居所の御殿とともに造った庭園。現在、紅葉渓庭園という通称で呼ばれ、市民から親しまれています。

岡山県津山市の衆楽園は正式名称が旧津山藩別邸庭園ですから、まさに大名庭園。津山藩主の森長継《ながつぐ》が築庭させた自然と一体化させた名園です。

香川県高松市の栗林公園は、400年近い歴史をもち「木石の美しさは日本三名園を凌ぐ」という評価も。現在は県立の都市公園で、年間70万人が訪れます。

熊本県の水前寺成趣《じょうじゅ》園は、歴代の熊本藩主である細川氏による造営。園内の築山や平坦地は、富士山や東海道をなぞらえているといわれています。

鹿児島県の仙巌《せんがん》園は、薩摩藩主の島津光久によって別邸・庭園として建設されました。鹿児島のシンボルのひとつである桜島を借景していて迫力満点です。

日本三景は、誰が・いつ決めた？

日本三景といえば、宮城県宮城郡松島町の「松島」、京都府宮津市の「天橋立」、そして広島県廿日市《はつかいち》市の「宮島」であることは広く知られているとおりですが、では、いつ、誰が決めたのかをご存知でしょうか。

時は江戸時代の初め、**全国を行脚した林春斎という儒学者**がいました。その春斎が卓越した景観としてあげたのが「日本三景」のルーツです。

「日本三景」と呼ばれる以前から、それぞれが景勝地として知られ、多くの観光客が訪れる場所でした。全国各地には、日本三景に引けをとらない名勝も数多くありましたが、この三つは、よほど春斎の心に響いたのでしょう。

260もの島々が浮かぶ松島の美しさは、平安時代から人々を魅了してきたと伝えられています。しかし「松島や　ああ松島や　松島や」という有名な句は松尾芭蕉の作ではないようで、さすがの芭蕉も松島の美しさに圧倒され、句を詠めなかったといいます。研究者によると、「松島や……」の句は、弟子の作という話ですが、のちに芭蕉は「島々や千々に砕きて夏の海」という句を詠んでいます。

天橋立は、長さは3・6キロにも及び、幅は20メートルから170メートルにもなる砂嘴《さし》。「砂嘴」は、海流により運ばれた砂が、長年にわたって堆積してつくられた地形です。

和泉式部の「神の代に　神の通いし道なれや　雲井に続く天橋立」という和歌があり、また、小式部内侍の「大江山　いく野の道の　遠ければ　まだふみもみず　天の橋立」という和歌は「百人一首」のひとつです。

天橋立といえば「股のぞき」でしょう。股のぞき台に、天橋立に背を向ける方向で立ち、腰を曲げて股の間から景色を眺めます。まっすぐに立っているときとは、空と海の景色が逆になるため、海が空のように見えて、天橋立は天にかかる橋のように見えるわけです。

股のぞきの発祥の地とされているのが傘松《かさまつ》公園です。明治時代、大正時代に、お土産として販売されていた絵はがきや写真はがきのなかには、股のぞきの様子をおさめたものもあったそうです。

「安芸《あき》の宮島」のシンボルともいえるのが厳島《いつくしま》神社。平安時代には平清盛が庇護したことでも知られ、当時の寝殿造の様式が取り入れられた美しい建築物で、多くの観光客を魅了しています。

朱塗りの大鳥居や、社殿や塔が青い海に浮かびあがるところを写真や映像で知ってはいても、実物を見ると圧倒されることは間違いありません。とくにダイナミックに見えるのは満潮時ですが、干潮時には大鳥居に歩いて近づき、その迫力を間近に感じることができます。

日本でも指折りの景勝地で、「外国人に人気の観光地」として第一位に輝いたこともあります。

古代から島そのものが信仰の対象になっていたとされる通称「宮島」こと厳島ですが、自然の景観と人工物のコラボは「お見事」のひと言でしょう。ユネスコの世界遺産に登録されたのも、もっともな話です。

ちなみに「厳島」という地名は、心身のけがれを除いて、身を清めて神に仕えることをあらわす「いつく」と「島」が合わさってできたと伝えられています。

初詣の参拝客数トップ3の神社仏閣

ふだんは神社仏閣に無関心でも、「初詣だけは行きます」という人も多いはず。多くの日本人は、クリスチャンでなくても12月25日はクリスマスを祝い、1月1日は宗派に関係なく初詣に行くでしょう。

調査方法によっても異なりますが、ここ数年、初詣の参拝客数のトップ3はほぼ決まっています。

1位は**明治神宮（東京都）**で約320万人、2位は**成田山新勝寺（千葉県）**で約311万人、3位は**川崎大師（神奈川県）**で約308万人。

4位以下は、年による変動がありますが、トップ10の常連は、浅草寺（東京都）、伏見稲荷大社（京都府）、住吉大社（大阪府）、鶴岡八幡宮（神奈川県）、熱田神宮（愛知県）、大宮氷川神社（埼玉県）、太宰府天満宮（福岡県）といったところです。

出雲大社の参拝では「二拍手」は誤り？

一般的に神社の参拝作法は「二拝二拍手一拝」ですが、出雲大社では少し異なり、**「二拝四拍手一拝」**が正しい作法とされます。これは毎年5月に行われる出雲大社の例祭での参拝作法と関わっています。**例祭では無限を意味する「八」にちなんで「八拍手」ですが、ふだんの参拝はその半分の四拍手**とされました。せっかくなら、正しい作法で参拝したいものです。また、出雲大社は「いずもたいしゃ」と読みがちですが、正式には「いづもおおやしろ」で、これも覚えておきたい話。

大国主大神を祀り、縁結びの神様として知られていますが、この「縁」は男女の話だけではなく、生きとし生けるものすべてが、共に豊かに栄えていくための貴い結びつきのことです。旧暦の10月を「神無月」と呼ぶのは「日本中の神様が出雲大社に集まり、各地で不在になるから」で、出雲国では10月を「神在月《かみあり》」と呼びます。

観音様が珍しく北を向いている理由

「信州信濃の新蕎麦よりも、あたしゃあなたの傍がいい」というおもしろい言葉がありますが、その信州、つまり**長野県の上田市には「北向観音」があります。**

その名のとおり、北を向いていますが、じつは北向きは珍しいケース。あくまでも原則ですが、たとえば浄土宗、浄土真宗では、阿弥陀様の西方極楽浄土という考えにしたがって西向きが多くなっています。また、東方には薬師如来がいらっしゃる浄瑠璃《じょうるり》浄土があることから東向き、南方には補陀落《ふだらく》浄土があることから南向きのケースもあります。しかし、北向きの観音様はなかなかいらっしゃいません。

北を向いている理由は、**善光寺の阿弥陀様が南を向いているため。**阿弥陀様が来世の利益を願うのに対し、それと向き合うかたちで北向観音は現世の利益を願うことに務めたのです。つまり、二つの仏様がユニットを組んだというわけです。

指標によって変わる「日本一の温泉県」

日本は火山国であり、全国に多くの温泉が湧いています。

では、「日本一の温泉県は?」というと、答えは複数あります。「北海道」「大分県」「群馬県」そして「山形県」も登場するのです。

まず「温泉地の数」でいえば、日本一は北海道です。定山渓《じょうざんけい》温泉、湯の川温泉、登別温泉、洞爺湖温泉、阿寒湖温泉など２４５もの温泉地があります。

次に「温泉総数」「高温源泉数」「総湧出量」などでは大分県が日本一。しかし、「自然湧出量」は群馬県の草津温泉がダントツになります。

さらに、ダークホースが**山形県**です。温泉地の数は１３０ほどですが、じつは35の市町村すべてで温泉が湧きます。**「温泉率」があったとしたら100パーセント**ですね。これはまさに「温泉県」と呼ぶのにふさわしいデータではないでしょうか。

日本で最も古い温泉はどこ？

現存する最古の歌集である『万葉集』には、温泉地で詠んだとされたり、温泉と関係があるとされる和歌があり、日本各地の六か所の温泉が登場しています。

まずは「日本三古湯」とされる**伊予国の「道後温泉（愛媛県松山市）」**と「牟婁《むろ》温湯」あるいは「紀温湯」の名で登場する**南紀の「白浜温泉（和歌山県西牟婁郡白浜町）」**そして、**摂津国の「有馬温泉（兵庫県神戸市北区）」**です。

さらに、**相模国の「湯河原温泉（神奈川県足柄下郡湯河原町）」**、**筑紫国の「二日市温泉（福岡県筑紫野市）」**とともに、**上野国の「伊香保温泉（群馬県渋川市）」**の名があります。

日本最古の共同浴場とされるのが和歌山県の湯の峰温泉の「つぼ湯」。川岸の小屋に石造りの湯があり、まさに小さなつぼのような形になっています。

外国人観光客に人気のスポットは？

世界情勢や社会状況によって大きく影響を受ける旅行業界ですが、日本人の国内のべ旅行者数は約4億9000万人（2023年　宿泊・日帰り）。つまり国民一人あたり1年間に4回ほど旅行を楽しんでいることになります。

一方、訪日外国人旅行者数は、およそ2507万人（2023年）。一度日本を訪れて、「とても好きになり、また来ました」という外国人客も多いようで、この数は今後も増えると予想されます。

外国人観光客に人気のスポットには常に上位にランクされる「定番」があります。大阪市中央区の**大阪城**、京都市東山区の**清水寺**、京都市北区の**鹿苑寺**《ろくおん》（**金閣寺**）、広島県廿日市市の**嚴島神社**（**宮島**）、京都市東山区の**八坂神社**、兵庫県姫路市の**姫路城**、岐阜県白川村の**白川郷**といった、歴史を伝える神社仏閣や、今も美しい姿を残す名城、伝統的な民俗文化が人気となるのは、日本人も外国人も変わらないようです。
　奈良市の**奈良公園**も上位ランク。有名な歴史的建造物と、野生のシカと触れ合えることが人気の理由でしょう。
　東京都は墨田区の**東京スカイツリー**、港区の**東京タワー**、中央区の**築地場外市場**、台東区の**浅草寺**、渋谷区の**明治神宮**

などが人気。山梨県富士河口湖町の**河口湖**や栃木県日光市の**日光東照宮**も上位にランクされるなど、関東勢も奮闘しています。
　1位はどこかといえば、京都市伏見区の**「伏見稲荷大社」**。日本人観光客が多いことはいうまでもありませんが、「千本鳥居」の美しさ、素晴らしさは国境を越えるのでしょう。
　ちなみに、最近は、古い町並みの木曽路や熊野古道の石畳道を歩く、宿坊に泊まって座禅や写経をする、自分でお寿司を握って食べるなど、日本文化を実際に体験する旅行も人気のようです。

ご当地の誉れ！　世界自然遺産の登録地

世界自然遺産に登録されるには「自然美」「地形・地質」「生態系」「生物多様性」といった評価基準のうち、どれかひとつを満たす必要があります。

たとえば「類例を見ない自然美および美的要素をもった優れた自然現象、あるいは地域を含むこと」や「生命進化の記録、地形形成において進行しつつある重要な地学的過程、あるいは重要な地学的、自然地理学的特徴を含む、地球の歴史の主要な段階を代表する顕著な例であること」といったものです。

日本では、1993年に**鹿児島県の「屋久島」**と、**青森県・秋田県の「白神山地」**が登録されたのをはじめとして、2005年に**北海道の「知床」**、2011年に**東京都の「小笠原諸島」**、2021年に**鹿児島県・沖縄県の「奄美大島、徳之島、沖縄島北部及び西表島」**が登録されています。今後、さらに増えるのを期待しましょう。

日本三大夜景――函館山・摩耶山・稲佐山

旅行の楽しみは、景色や食事、滞在する旅館やホテルはもちろん、そのとき、その場所でだけ見たり聞いたり体験できるものなど、さまざまでしょう。

なかでも人気となっているのが「夜景」で、当然、日没後にしか見られず、しかも雨や雪の日には素晴らしさを満喫できません。

さて、知っているようで知らないのが「日本三大夜景」とされるものです。

北海道函館市にある標高334メートルの**函館山の山頂展望台**からは、海に囲まれた街の見事な夜景が楽しめます。

「山頂」といわれると「山を登らなければ見られないのか」と思うかもしれませんが、函館山ロープウェイを利用できますからアクセスについての心配はありません。

函館の夜景は、世界三大夜景のひとつにも数えられています。

兵庫県神戸市灘区の摩耶《まや》山掬星《きくせい》台からは、大阪方面から神戸にかけての１０００万ドルともいわれる夜景が楽しめます。

７００メートルという標高からの眺めは幻想的で、まるで近未来を描いた映画のワンシーンのよう。ケーブルカーとロープウェイを乗り継いでアクセスできるのも人気の理由かもしれません。

長崎市の稲佐山には、円柱型の展望台があり、３６０度の夜景が楽しめます。

３３３メートルという標高は、東京タワーと同じですが、高層ビルの建ち並ぶ首都とは異なり、人々の日々の暮らしを思い起こさせるあたたかみのある夜景を見ることができます。

以上の三か所は「日本三大夜景」と呼ばれていますが、じつは、いつ、誰が定めたものかについて、いろいろな説があり、確定するのは難しいようです。

とはいえ、多くの人が夜景を見て「素晴らしい」と思うのであれば、それだけで十分という気もしますね。

鳥取砂丘を凌ぐ砂丘が青森県に⁉

「日本一の砂丘は？」と聞かれれば、たいていの人は「鳥取砂丘」と答えるでしょう。ところが「そうともかぎらない」という話です。

鳥取県のシンボルのひとつである鳥取砂丘は、日本海を目の前にして東西約16キロ、南北約2・4キロに広がる海岸砂丘で、国の天然記念物にも選定されています。日本海と平行に3本の砂丘列があり、とりわけ有名なのが「馬の背」と呼ばれる第二砂丘列。そのダイナミックさには圧倒されます。

ところで、**青森県下北郡東通村には猿ヶ森砂丘**という広い砂丘が存在しているといわれています。南北約17キロ、東西最大2キロといわれていますが、防衛装備庁の下北試験場になっているため一般の人は立ち入れません。つまり、正確な測量は不可能ですが、一説には鳥取砂丘よりも広いのではないかとされているのです。

お城好き必見！ 全国名城ランキング

歴史ファンの中には「お城が好きだ」という人が多いようです。戦国時代の合戦のシンボルですから、日本全国に名城が残されています。そこで、二〇二三年の「お城ファンが実際に訪れた日本のお城ランキング」を調べてみることにします。

数ある城の中で4位は、**長野県の松本城**です。

北アルプスのふもとの信州松本平は、自然を満喫できる上高地などの観光地を擁しています。中心の松本は、夏も冬も登山客などでにぎわいます。美しい山々を背景にする松本市の、ほぼ中心に位置する城が松本城です。

天守は五層六階の構造で、国宝に指定されています。黒い下見板張りを巡らせた美しい造りです。

3位は愛知県の**犬山城**です。濃尾平野の要に位置し、木曽川を眼下に望む天守の最上階からの眺望は素晴らしく、天守は現存する最古のものとされます。中国の李白の詩「早《つと》に白帝城を発す」にちなんで、別名を「白帝城」といいます。

2位は**兵庫県の姫路城**。播州平野の空高くそびえる姫路城は、「白鷺城」の名で知られ、真っ白な翼をもつ大鳥が大空から舞い降りてきたような典雅なたたずまいを見せています。五層の天守閣はオリジナルです。

落雷や太平洋戦争で多くの城の天守閣が焼失し、日本中でもオリジナルは少ないのですが、この城の天守閣は中でも一、二を争うと定評があります。

城の周りには家臣の住居が並ぶ中曲輪《なかくるわ》があり、さらに外側には町民たちの城下町が広がっていました。現在も姫路の市内にはこうした城郭都市の面影が濃厚に残され、世界文化遺産のひとつに登録されました。姫路城と姫路の城下町は、今や、日本の文化遺産であるばかりでなく、世界の文化遺産でもあります。

いよいよ1位です。それは**静岡県の駿府城**。別名は府中城と呼ばれ、江戸時代には隠居した家康の大御所様の城として政権の中心ともなりました。

本丸と二の丸の城跡が公園として整備され、復元された東御門や巽櫓《たつみやぐら》などが訪れる人を楽しませています。

鉄道ファン必見！　ご当地の鉄道博物館

さいたま市大宮区にある鉄道博物館はＪＲ東日本創立20周年記念事業として、日本の鉄道が開業して１３５年にあたる２００７年10月14日に開館しました。

「日本及び世界の鉄道に関わる遺産・資料に加え、国鉄改革やＪＲ東日本に関する資料を体系的に保存し、調査研究を行う『鉄道博物館』」であり「鉄道システムの変遷を、車両等の実物展示を柱にそれぞれの時代背景等を交えながら産業史として物語る『歴史博物館』」であるとともに「鉄道の原理・仕組みと最新（将来構想を含む）の鉄道技術について、子どもたちが模型やシミュレーション、遊戯器具等を活用しながら体験的に学習する『教育博物館』」という3つのコンセプトから誕生。40両を超える車両が展示され、ミニ運転列車やシミュレータ、日本最大級の鉄道ジオラマなど、楽しくてためになる時間が過ごせます。

名古屋市港区にある「リニア・鉄道館〜夢と想い出のミュージアム〜」はJR東海が2011年3月14日に開館。「高速鉄道技術の進歩の紹介」「鉄道が社会に与えた影響について学習する場を提供」「楽しく遊べるよう模型などを活用し、バリアフリーを徹底した設備」の3点がコンセプトです。

かつて、浜松市天竜区で営業していた佐久間レールパークで展示されていた車両のなかには「リニア・鉄道館」に移されたものも多く、第二の人生ならぬ第三の人生を送っています。

京都市下京区にある「京都鉄道博物館」は、JR西日本が2016年4月29日に開館。大阪市港区にあった交通科学博物館（2014年4月6日に閉館）の後継施設として、2015年8月30日に閉館した梅小路蒸気機関車館を拡張・リニューアルするかたちで誕生しました。「地域と歩む鉄道文化拠点」がコンセプトで、50両を超える車両を擁する施設です。

さて、いわゆる「鉄道博物館」といえば、ここまでに紹介した3館が注目されがちですが、ほかにも日本各地に、さまざまな「鉄道ミュージアム」があります。

北海道から見ていきますと、三笠市には「三笠鉄道村」、小樽市には小樽市総合博物館があり、蒸気機関車の姿を見ることができます。

群馬県安中市には「碓氷峠鉄道文化むら」があり、蒸気機関車や電気機関車、国鉄型の特急電車などが30両以上も展示されています。

東京都では、墨田区に東武博物館、江戸川区に地下鉄博物館、日野市に京王れーるランド、青梅市に青梅鉄道公園があります。

神奈川県なら、横浜市に京急ミュージアムと横浜市電保存館、川崎市に電車とバスの博物館、海老名市にロマンスカーミュージアムがあります。

新潟県には新潟市秋葉区の新潟市新津鉄道資料館があり、かつて上越新幹線で使用された車両も展示されています。愛知県には日進市のレトロでんしゃ館、滋賀県には長浜市の長浜鉄道スクエアなどがあります。

四国では、愛媛県西条市の四国鉄道文化館、九州では福岡県に北九州市門司区の九州鉄道記念館があり、蒸気機関車や往年の特急電車車両があります。

日本人はかなり鉄道好きなのかもしれません。

第6章

産業やお金のご当地おもしろ雑学

金箔の生産でダントツ1位の県

お正月やおめでたい席などで金箔入りの日本酒がふるまわれることがあります。いわゆる「縁起物」です。食用の金箔自体には味も食感もありませんから、見た目の華やかさを楽しむものといえるでしょう。

「金」は金属ですから、不安を覚えるかもしれませんが、厚生労働省は、食用金箔を食品添加物の着色料と定めていて、安全性についてはまったく問題ありません。

金箔の厚さは、1万分の1ミリといわれています。数字で示せば、0・0001ミリ。薄くても光り輝くのが金箔で、仏像や仏壇、仏具、タンスなどの家具、建具の装飾、漆器などの工芸品に幅広く使われています。

日本の金箔の99パーセントを生産しているのが石川県。県庁所在地の金沢市では「金箔をのせたソフトクリーム」が販売されているそうです。

メガネの生産でダントツ1位の市

福井県鯖江市は眼鏡フレーム製造で、その名を知られています。日本国内のシェアは90パーセント以上、世界市場の20パーセントを占めるといわれるほどです。

市役所のホームページには「めがねのまちさばえ」のキャッチコピーがあります。鯖江が眼鏡製造の産地となったのは、福井県に生まれた増永五左衛門という人物の功績です。明治から昭和にかけての実業家で、冬になると農作業ができず、その結果、当時、貧しい農村地帯となっていた地元を何とかしたいと考え、屋内でもできる眼鏡づくりを始めたのが1905年。最初から順風満帆だったわけではなく、都会で流行している眼鏡のつくり方を取り入れたり、技術者を東京や大阪に派遣したりという尽力が功を奏し、徐々に波に乗ります。眼鏡の需要が伸びたことも追い風で、1935年頃には全国一の眼鏡の産地になっていたと伝えられています。

日本三大刃物産地——関市・三条市・堺市

岐阜県関市、新潟県三条市、大阪府堺市の三市を「日本三大刃物産地」と呼ぶことがあります。

新潟県三条市は、鎌や鋤《すき》などの農工具をつくっていた歴史があります。「米どころ新潟ならではの話」といえそうですし、農閑期の副業だったとも伝えられています。

その後、農工具をつくる技術の向上や、職人がひとつずつ手づくりする「打刃物」という技術を得たことによって、包丁の製造などにも手を広げ、２０２１年の新潟県の包丁生産額はおよそ74億円で全国2位。シェアはおよそ30パーセントです。

大阪府堺市は、５世紀頃、古墳をつくるための道具が必要だったため、鉄を使った道具づくりが始まったようです。長い年月を経たのち、打刃物づくりが盛んになり**「堺打刃物」**と呼ばれるまでに発展しました。

包丁の生産額は3位ですが、プロの料理人が使う包丁に限ると「堺打刃物」が90パーセントを占めるといわれています。

さて、1位の岐阜県関市は、室町時代に３００人を超える刀匠がいて、名刀を世に送り出していました。「関の孫六《まごろく》」といえば天下に知られた名工です。関の包丁は、刀づくりの伝統と技を活かした品質の高いものになっています。

岐阜県の包丁生産額は約１３８億円で、全国の6割近くを占める堂々の1位。関市は「世界三大刃物産地」にも数えられています。日本刀の特徴である「折れない、曲がらない、よく切れる」という評価とともに、日本最大の刃物産地です。

世界三大産地の残り二つは、イギリスのシェフィールドとドイツのゾーリンゲン。

シェフィールドはイギリス中部の工業都市で、とくにナイフが有名。フォークや缶切りなどのついたツールナイフも人気です。

ゾーリンゲンは、ドイツ中西部にある街。ゾーリンゲンの製品として、ナイフやハサミのほかにカミソリも世界にその名が知れ渡っています。

世界中から愛される「タオルの聖地」

「今治《いまばり》タオル」といえば、安心・安全・高品質のタオルとして世界にも知られたブランド。やわらかさと吸水性の高さは、他を寄せつけないといわれています。

今治（愛媛県）が、温暖な気候と豊かな水源に恵まれていたことが、成長・発展のカギを握っていました。というのは、タオルの材料となる綿花の栽培に適していたこと、製造過程で使われる大量の水が軟水だったことが大きな要因だったのです。

糸を撚《よ》る工場、糸を染める工場、タオルを織る工場など、200ほどの工場があり、2021年の都道府県別タオル出荷額は260億円を超えて日本一。全国シェアの60パーセントを占めるともいわれています。

今治タオルは一社で製造しているわけではなく、また、今治でつくられているからといって「今治タオル」を名乗れるわけでもありません。

吸水性、脱毛率、耐光、洗濯、摩擦、寸法変化率など、**さまざまな試験があり、高い品質基準を満たしたタオルだけが「今治タオル」を名乗れる**のです。

「合格」の証が、今治タオルブランド認定マークです。

赤い四角形のなかに白い丸があり、その下に青と白のラインが引かれたデザイン。

さらに「imabari towel Japan」と印されたタグです。

使われている色の赤は「活動的、情熱的、先進的、生き生きとした力強さ、動き、インパクトなどをイメージさせる色」で、今治タオルの存在自体が、社会の注目を集め、日本を象徴する商品のひとつであるという位置づけを表わしています。

青は「品質に対する安全と安心、信頼、歴史と伝統、鮮明性、落ち着きなどをイメージさせる好感度の高い色」で、歴史と伝統を背景とした高品質を象徴したもの。

そして白は「やさしさ、清らかさ、清潔感、無垢、癒し、真心、柔らかで慈しみにあふれた愛情をイメージさせるピュアな色」で、今治タオルの無限の可能性を示唆する広がりを表現しているそうです。

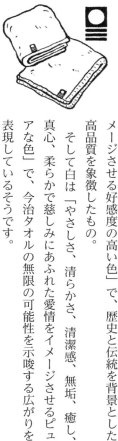

サツマイモの生産でダントツ1位の県

「サツマイモ日本一は鹿児島県」といわれても「当たり前でしょう、薩摩の芋なんだから」と、受け流されてしまいそうですが、数字を知ればやはり驚くと思います。

まずは収穫量で、農林水産省によれば、鹿児島県の２０２３年産の約21・5万トンという数字は、２位の茨城県の20万トンをしのいで1位。全国の収穫量のほぼ３分の1というものです。

鹿児島県がサツマイモの名産地になったのは、土壌と気候に恵まれたことと、サツマイモの特性がマッチしたことが理由でしょう。

鹿児島県の多くはシラス台地と呼ばれる火山の噴出物からなる台地で、本来は農産物の栽培には適さない土地なのです。ところが、サツマイモの場合は水はけのよい土地が栽培に適しているため、シラス台地は、まさにうってつけ。また、サツマイモの生育に適した平均気温が合致したことも好条件でした。

鹿児島県は台風の通り道となることが少なくありませんが、サツマイモの食べる部分は土の中で育ちますから、台風の被害を受けにくいことも利点です。

江戸時代の中期、全国的な飢饉で多くの犠牲者が出ましたが、薩摩藩では被害が少なかったそうです。それを知った幕臣の青木昆陽《こんよう》が、やせた土地でも栽培できる、当時「甘藷《かんしょ》」と呼ばれていたサツマイモに目をつけました。日本各地での栽培を奨励し、人々を飢餓から救い、のちに「甘藷先生」と呼ばれた話が知られています。

サツマイモを「十三里」あるいは「十三里半」と呼ぶことがあります。これは「栗よりうまい」ことから「九里、四里、うまい」という洒落が江戸っ子にうけて、「十三里」「十三里半」というわけです。

鹿児島あるいはサツマイモと聞けば、芋焼酎好きなら好みのブランドあれこれを思い浮かべるかもしれません。たしかに、「焼酎の消費量」も鹿児島県が日本一です。総務省統計局の家計調査では、ひとりが1年間に一升瓶で何本の焼酎を飲むかといえば、鹿児島県が約3・7本でトップ、2位は長崎県の約3・3本、3位は島根県の約3本となっています。

世界中の女性を魅了する、養殖真珠のご当地

真珠は日本が世界に誇る宝石です。宝石は鉱石の中で珍重されるもののことですが、真珠は貝から生まれます。

かつては天然ものだけで、ペルシャ湾産が世界の市場を独占していました。

そんななかで、**養殖真珠を作るのに世界で初めて成功したのが御木本幸吉《みきもとこうきち》（現在の三重県鳥羽市出身）**。苦労の末に、あこや貝を使って円形の真珠を作り出したのです。やがて良質な真珠を大量に生産できるようになり、欧米に広まりました。

御木本幸吉は明治天皇に「世界中の女性の首を真珠でしめて御覧に入れます」と申し上げたそうです。また、渋沢栄一の紹介で発明王エジソンと会見したときに、「真珠の養殖の成功は驚くべき発明です」と絶賛されたそうです。

真珠作りは時間がかかります。小さな稚貝を母貝として育て、その中に貝殻を丸

く成形した「核」を入れるのです。その後、数年の後に真珠になりますが、一般的には長く貝の中にある方が良いものが生まれるとか。しかし、貝を開けてみなければ質の良し悪しはわからないそうです。日本のあこや真珠は世界でもトップクラスであり、和装にも洋装にも合うため、日本国内だけでなく、海外の女性にもたいへんな人気です。日本の皇室の儀式でも、格式ある宝石として使われています。

さて、国内生産は三重県が大半を占めているイメージがありますが、じつは違います。

都道府県別の**養殖生産量ランキングで２０２３年の１位に輝くのは５２６６キロで長崎県でした。**２位は愛媛県の４３４６キロ、三重県が２１２２キロで３位です。

波のおだやかな内海に恵まれた地形という点で共通していますが、愛媛県は２０２０年までは10年連続で1位でしたが、２０２１年に長崎に奪取されました。

懐かしい！　食品サンプル発祥のご当地

見た人に「おいしそう」と思わせる飲食店の食品サンプルは、昭和初期に日本で考案されたといわれています。

店頭にあるガラスケースに、所狭しとばかりに飾られていると、それほどおなかが空いていなくても「食べたい」と思ってしまうから不思議なもの。

日本が発祥の地であるのは間違いなさそうですが、発案者については諸説あります。というのも、いわゆる「業界団体」がなく、しかも100年近くも前の話で、詳しい資料もないことが理由です。

たとえば「明治から昭和の時代にかけて、東京・日本橋の百貨店として知られた白木屋の飲食物見本がルーツ」という説もあれば、「京都の模型製造者がつくったものが始まり」という説もあります。ただ、**昭和初期に食品サンプル製作の会社を**

設立した岩崎瀧三（岐阜県の郡上八幡生まれ）を発案者の有力候補とみてもいいでしょう。

岩崎は、大阪で会社を立ち上げ、食品サンプルの製造に取りかかりました。最初の作品は「オムレツ」で、そのモデルになったのは愛妻のつくったものだったと伝えられています。

その後、三十数年を経て、食品サンプル事業で成功をおさめると「ふるさとの役に立ちたい」という思いから、故郷の八幡町（現郡上市）に工場を建設。その後も事業を発展させ、現在「食品サンプル製造のシェアは60パーセントが、いわさき」という地位を築いています。

預かった見本から、正確に型を作り出すことから始まり、色を付けたり、焼いたりしてできたパーツを組み立てて盛りつける……と、完成までの工程は、なかなかたいへんなようで、まさに「職人技」です。

なお、製造当初はロウでつくられていた食品サンプルですが、現在は樹脂が主流になっているそうです。また、訪日する外国人観光客のなかには、「食品サンプルはお土産として最高！」という人も多いようです。

チョコやアイスの出荷額が高い県は?

コンビニのお菓子の棚では、やはりチョコレートが目立ちます。月ごとのチョコレートの支出額を見ると、最大は2月。1年間の1か月平均支出額の3倍近くという数字は、もちろん、バレンタインデーの影響です。3月から徐々に落ち込み、8月が最低に。すると9月からは支出額が上昇し、2月に再びピークを迎えるというサイクルの繰り返しです。

ストレスやアレルギーを抑えるカカオポリフェノールを含むチョコレートですから、年間を通じて食べられてもいいようにも思えますね。

さて、「チョコレート菓子」の年間出荷額のトップは1300億円以上という大阪府。2位の埼玉県は1000億円ほどですから、大阪府は堂々の1位といえるでしょう。ちなみに3位はおよそ600億円の茨城県です。

では「なぜ大阪か」といえば、**チョコレート菓子でトップの座にある「株式会社明治」の大阪工場が高槻市にあることも理由のひとつ**でしょう。1955年（昭和30年）に設立された大工場で、約50品目のチョコレート菓子をつくっています。「明治」は埼玉県坂戸市にも坂戸工場があり、チョコレート菓子をつくっていますから「埼玉県の2位」にも貢献しているといえます。

ところが、総務省統計局の家計調査によると、2人以上世帯の年間チョコレート購入金額（都道府県庁所在地）で、大阪市は41位とかなり低くなっています。トップは金沢市で、2位は鳥取市、3位がさいたま市です。

夏場はチョコレートの売上げが下がりますが、その時期に人気になるのは、氷菓子をふくむアイスクリームやシャーベットです。1年間でみると、5月、6月から需要が伸び、7月、8月がピークになります。

アイスクリームの年間出荷額のトップは埼玉県の約953億円で、2位が群馬県で約547億円です。3位の静岡県は、約298億円となっています（経済産業省の経済構造実態調査2021年）。

埼玉県の深谷市、本庄市には赤城乳業株式会社のアイスクリーム生産工場があり、

さいたま市には株式会社ロッテの浦和工場があります。埼玉県は大消費地の東京圏に立地している有利さも手伝って首位の座にあるといえるでしょう。

2位の群馬県も首都圏の一角を担っている点に加え、高崎市ではハーゲンダッツやクラシエフーズ、高梨乳業などの工場でアイスがつくられ、伊勢崎市にはメイトーのブランド名のアイスをつくる協同乳業の工場があります。

さて、アイスクリーム・シャーベットの消費量（2020年～2022年平均）についても都道府県庁所在地でみてみましょう。

トップは石川県金沢市で、チョコレートとの二冠です。

2位のさいたま市はチョコレートでは3位でした。

続く3位は福島市、以下、4位は山形市、5位は千葉市となっています。

意外に思われるのが、最下位の鹿児島市、その上が那覇市と、気温の高い地だったこと。じつは、沖縄には「ぜんざい」と呼ばれる一種の「かき氷」があり、アイスクリームよりも人気のソウルフードとなっています。たしかに30℃を超えると「アイスよりもかき氷がほしい」となるのは、納得できる話です。

京都は和服や帯の生産で全国トップ

京都を訪れた観光客には「和服で京都の街並みを散策するのが楽しみ」という人も少なくありません。夏なら浴衣、春と秋は単衣《ひとえ》、冬は袷《あわせ》と、季節に合わせた和服を選べるのも魅力的。着物や帯はもちろん、襦袢《じゅばん》、肌着、草履《ぞうり》、足袋《たび》などがレンタルでひととおり揃い、着付けもお願いできるので着物の初心者でも安心です。

京都府は、羽織や袴、浴衣などの和服や帯の年間産出額が日本一で、全国の半分近くを占めています。高級絹織物として知られる「西陣織」だけでなく、京丹後市や宮津市のある丹後地方でつくられる**「丹後ちりめん」**も全国的に有名な絹織物です。ちりめん生地の年間産出額も日本一で、全国の9割近くというシェアを誇ります。

着物や帯はレンタルですませて、おみやげは西陣織や丹後ちりめんの財布や小物入れというのも、京都旅行の楽しみ方といえそうです。

四国4県民のお金の使い方

「東京人は見栄っぱり」「大阪人はせっかち」など、気風を語ることがありますが、四国4県はそれぞれの気風があるといわれます。とくにお金の使い方に県民性が表われるそうで、「1万円もらったら、どう使うか」というたとえ話があります。

香川県民は「半分の5000円は貯金して、残りの5000円で飲みに行く」

徳島県民は「1万円を全部貯金する」

愛媛県民は「1万円を手に飲みに行く」

高知県民は「もらった1万円に、自分の1万円を足して飲みに行く」

これだけの違いが生まれるのは、四国山地や讃岐山脈、石鎚山脈などによって人や物の流れが制限されていた歴史のせいかもしれません。また、現在の4県が、江戸時代はいくつもの藩に分かれていた「藩民性」の名残りも影響しているでしょう。

北海道では香典に領収書がもらえる？

一般に、葬儀では香典を包んで持参して、受付などで手渡します。このとき、領収書をもらうことはないでしょう。

ところが、北海道ではちょっと事情が違うようです。というのも、香典にも領収書を発行する習慣があるのです。これを**「香典領収書」**と呼びます。

どうして北海道では香典領収書が存在するのでしょうか。

有力なのが「代参説」です。広い北海道では、近くの町まで数十キロも離れていることも珍しくなく、知人の葬儀に行けば一日がかりになることもあり得ます。まして、道東のオホーツク海側の人が札幌や小樽に行くとなるとたいへんです。

そこで昔から、地域や町を代表した人がみんなから香典を預かり、葬儀に参列するという習慣が生まれたのです。

また、一般人でも新聞に訃報広告を出すことがあるそうです。これも、土地が広くて知人に知らせるのが困難だったからだとか。

暮らしの中で、相互扶助の考え方が強く残っている点も関係があります。都会では、隣近所の人たちの名前も知らない関係が当たり前のようになっていますが、全国各地から集まった人たちが開拓を進めた北海道では、人と人の結びつきが強く、誰かが亡くなると大勢の人が気にかけてきたのです。

しかし、多人数で葬儀に押しかけると迷惑をかけてしまうだろうと、代表者を選んで出席させたのです。そのため、代表として参列する人が数十人分の香典を預かって来るのも、よくあることだとか。

このような事情から、代表になった人は**「ちゃんと出席して、香典を渡してきました」と依頼人に証明するために、領収書を受け取るようになった**のです。

もちろん、領収書を発行するからには金額の確認が必要です。そこで、受付などで香典をすぐ開封して金額を確かめるようになりました。その様子に、道外から来た人たちはすっかり驚かされるというわけです。

この領収書の発行人は喪主、但し書きは「香典代」が標準的です。

山梨県に根付く助け合いの金融組合

武田信玄は甲斐国（現在の山梨県）の人。病で倒れなければ天下統一を果たしたのは信玄だったのではないか、といわれるほどの武将でした。

信玄は「人は城、人は石垣、人は堀、情けは味方、仇は敵」という名言を残しました。山梨の人は、信玄の言葉を今も座右の銘にしているようで、人＝身内やご近所、仲間などのつながりを大切にしています。それは「無尽」という組織からもわかります。

無尽とは、相互扶助を目的とする金融組合です。一定の金額を積み立て、決めた期日に抽選または入札によって全額を組合員に融通したり、会食費にあてるという仕組みになっています。

鎌倉時代からの歴史ある組織で、仲間同士で積み立てを行い、お互いの生活、たとえば冠婚葬祭など、まとまったお金が必要になる場合に支え合うためにつくられました。明治時代以降、会社組織になったものもあり、現在の相互銀行の原点です。**山梨の人にとっては、今も無尽が身近なようです。**山に囲まれ、限られたコミュニティで暮らしてきたため、互助が必要だったことが理由のひとつでしょう。

ただ、最近では金融組合の性格は薄れ、飲み会や旅行など、仲間の娯楽的なイメージが強くなっているといわれます。その恩恵を受けているのは飲食店で、昔から、山梨の人口当たりの飲食店数はかなり上位にありました。

さて、「めちゃかもん」という言葉があります。「したたかで、金銭に細かい」という意味で、もともと甲州商人を指した言葉でした。

金銭に細かいというとなんだか悪い印象がありますが、シビアな金銭感覚は商売には欠かせないものでしょう。そうしたお国柄から、これまでに山梨は阪急電鉄の小林一三《いちぞう》、東武鉄道の根津嘉《か》一郎《いちろう》などに代表される数多くの実業家、成功者を出しています。

金銭に細かいからこそ、銀行や高利貸しから金を借りずにやりくりできる無尽という組織に頼ったのかもしれません。

第7章 地理のご当地おもしろ雑学

ロケット発射場に選ばれるための条件って？

「世界一美しいロケット発射場」と呼ばれているのが、**鹿児島県南種子町にある種子島宇宙センター**。ＪＡＸＡ（宇宙航空研究開発機構）が設置し、運用している大型ロケットの発射施設です。外国では多くの場合、広大な原野に発射台などを造りますが、種子島宇宙センターは緑の山の中に施設があり、発射台がサンゴ礁に囲まれた岬の突端近くに設置されていることから、「美しい」といわれるのでしょう。

ロケットは、**鹿児島県肝付町の内之浦宇宙空間観測所**からも打ち上げられます。科学観測ロケット、科学衛星の打ち上げと、それらの追跡やデータ取得などが行われ、１９６２年（昭和37年）の設立以来、大小４００機を超えるロケットと、30機あまりの人工衛星、探査機を打ち上げ、宇宙科学研究に多大な貢献を果たしています。

お気づきでしょうが、**どちらも鹿児島県にあります。**当然、理由があってのこと。

ロケットの打上げには**「東及び南北いずれかに開けている」「低緯度地域」「他産業と干渉しない」**ということが基本的な条件としてあげられます。

「東及び南北いずれかに開けている」というのは、ロケットを発射するうえで、万が一の落下物など安全性を考える必要があるためと、もうひとつはロケットを打ち上げる方角が真上ではなく、基本的には東あるいは南北になるからです。

ロケットを宇宙まで飛ばすためには大きなエネルギーが必要で、地球が自転する力も利用します。自転している地球で、最もスピードがあるのは赤道付近。つまり「低緯度」であればあるほど、エネルギーは大きくなります。さらに「他産業と干渉しない」とは、たとえば、海上を飛ぶロケットが、漁業者に影響を及ぼすようなことは避けたいという話です。

和歌山県串本町にも「スペースポート紀伊」という民間のロケット射場が造られました。「安全——発射場から南方・東方に陸地や島が存在しない」「輸送——衛星の運搬がしやすい」「環境——宿泊・レクリエーションが充実」という条件を備えています。

いつも決まって渋滞する場所のからくり

行楽地にクルマで出かけるときに、悩みのタネとなるのが交通渋滞です。予測されている混雑時間帯を避け、早朝や深夜に出発しても、誰でも同じことを考えるためか、やはり渋滞に巻き込まれてしまうことが少なくありません。

「渋滞」には定義があり、NEXCO中日本・東日本・西日本が管理する高速道路では、「時速40キロ以下で低速走行あるいは停止発進を繰り返す車列が1キロ以上かつ15分以上継続した状態」とされています。一般道でも40キロで走れる道路は少なくありませんから、料金を払って利用する高速道・自動車道で40キロというのは、信号がなく、歩行者もいないとはいえ、割高に感じてしまうでしょう。

さて、ドライブ中には好きな音楽を聴くという人も多いでしょうが、ラジオでは1時間に一度くらいの割合で「道路交通情報」が流されています。ドライバーにとっては貴重な情報源で、大いに利用したいものです。

また、長大トンネル内では電波が届かないため、ハイウェイラジオなどが設定されていて、緊急情報を聴くことが可能です。トンネルによっては「AMラジオを聴け」という表示が出ているところもあります。

ところで、ラジオの「道路交通情報」を聴いていて気がつくのは、いつも決まった場所で渋滞が起きていること。

関東地方なら、東名高速の「海老名ジャンクション」「横浜町田インター」、東北道の「久喜インター」「浦和料金所」、関越道の「高坂サービスエリア」「鶴ヶ島インター」、中央道の「小仏トンネル」、上信越自動車道の「八風山トンネル」といった場所です。

渋滞の原因のひとつが、走行するクルマのスピード低下。

たしかにインターやジャンクションでは、クルマの合流があるので、安全を考えて減速するのもわかりますし、料金所もETCが広く普及したとはいえ徐行するのは納得。しかし、それ以外の場所で渋滞が起きるのはなぜでしょうか。

たとえば、高坂サービスエリアの場合、サービスエリアに入ろうとして減速するクルマの影響も当然ありますが、それだけではありません。関越道（下り）の高坂付近は緩い上り坂になっているため、それまでと同じアクセルの踏み具合では自然にスピードが落ちてしまいます。急な坂ではないため、話に夢中になっていたら気がつかないかもしれません。しかし、一台がスピードダウンすれば後続車に影響を与え、それがさざ波のように伝わった結果、後方で渋滞が発生するのです。

また、トンネルの入り口も要注意ポイントで、暗くて狭く見えるトンネルに入るときにはプロのドライバーでも緊張するもの。ましてや運転に慣れていないドライバーとなれば、不安からブレーキを踏んでしまいがちです。

一台のクルマが減速すれば、後続車のドライバーたちにブレーキを使わせることになり、それが積もり積もって、後方で渋滞が発生するというわけです。

大型連休やお正月、お盆には日本の風物詩のようになっている渋滞ですが、それでもふるさとや行楽地に向かいたい気持ちが抑えられないのは、県民性というよりも国民性なのかもしれません。

海岸線の長い県　2位と3位の共通点って？

北海道の広さは、他の都府県を寄せつけずにダントツです。

北海道の広さを実感するために、その地図を本州の地図に重ねてみましょう。根室より先の納沙布《のさっぷ》岬を、千葉県銚子市の先の犬吠埼《いぬぼうさき》付近に当てて水平に置くと、宗谷岬は富山湾よりも北、襟裳《えりも》岬は静岡より南、渡島《おしま》半島のつけ根は京都付近です。

広くて周囲を海に囲まれていれば、北海道の海岸線が長くなるのは明らかです。約４４６０キロにもなり、当然、日本一。では、2位となると、面積では37位の長崎県です。その面積は北海道の20分の1ほど。では、なぜ海岸線が長いかといえば、**長崎県は１５００もの離島があるから**。つまり、小さな島の海岸線の長さが積もり積もって、北海道に次ぐ海岸線の長さになるというわけです。

3位は鹿児島県で、面積は第10位ですが、１２００以上もの島があるからです。

「一丁目一番」を本籍にできるって本当？

「最優先課題」のことを「一丁目一番地」と表現します。

もともとは政治家が国会答弁で使ったという説もありますが、ビジネスシーンでも「真っ先に取りかかるべき課題」を表わすようになりました。現在は「一丁目一番○号」という表記も多く、厳密にいえば「一番地」ではありませんが「まずは、ここから手をつける」という方針や決意を示すものとして変わりはないでしょう。

さて、日本には戸籍や住民票といった制度があります。住民票は、市区町村が住民について「住んでいる」ことを証明するもの。住民基本台帳法に基づいて作成されます。車の運転免許証もそうですが、引っ越したら届け出が必要です。

戸籍は、日本国民の国籍とその親族的身分関係、つまり、夫婦や親子、兄弟姉妹などを戸籍簿に登録し、公証する制度。戸籍の作成や手続きについては戸籍法で定められています。婚姻や離婚、縁組、離縁などの場合には届け出が必要ですが、引っ越ししただけでは届け出る必要はありません。

たとえば、結婚すると区役所や市役所、あるいは町村役場で、新しい戸籍や住民票をつくりますが、その際に、住民票は当然、新居の現住所になります。ただし、戸籍の住所（本籍）は、現住所でなくてもつくれます。

つまり**「東京都千代田区千代田一番」や「大阪市中央区大阪城一番」を本籍にすることもできます。**たいていの人は新居を本籍としますが、なかには、おめでたいからとか、縁起がよさそうという理由で、新居以外を本籍にする人もいます。いわゆる「人気のある本籍地」で、さきほどの「千代田区千代田一番」は皇居の住所ですし、「大阪市中央区大阪城一番」は大阪城の住所です。

ほかにも、横浜市中区桜木町一丁目一番にはJR京浜東北線の桜木町駅があり、兵庫県神戸市兵庫区和田崎町一丁目一番には三菱重工業神戸造船所があります。「一丁目一番」は、主要な官公庁だけでなく、ターミナル駅や産業の重要拠点など、その地域の中心部が多いようです。本籍地にできないのが、東京都中央区銀座一丁目一番。理由はその住所が実在しないからです。

車で走れない、途中で途切れる……不思議な国道

国道といえば全国に広がる幹線道路。その総延長は6万キロにもなります。じつは高速自動車道も「国道」で、総延長は9000キロ以上。日本の道路の総延長は130万キロにもなり、都道府県道は14万キロ、残りは市町村道で106万キロという圧倒的な数字です。いわゆる「国道」は「一般国道」と呼ばれるのですが、一般国道には国道番号がつけられ、現在、1号から507号までです。

ところが、一般国道の路線数は459。数字が合わないのは、59号から100号までが欠番で、また、ほかの国道に統合されて番号が消えたものもあるため。

幹線道路たる国道ですから、車が走りやすいように整備されていると誰もが考えるでしょう。たしかに、一般国道の99パーセント以上が舗装されていますが、いまなお「車で走れない国道」が存在するのです。

その代表が**「階段国道」と呼ばれる国道339号線の一部区間**です。国道339号線は起点の青森県弘前市から、津軽平野を北上し、津軽半島の北端の津軽海峡に至る一般国道で、終点は東津軽郡外ヶ浜町。総延長は約130キロです。

そのうちの、青森県東津軽郡外ヶ浜町三厩龍飛崎灯台から龍飛漁港を結ぶ全長388メートルがいわゆる「階段国道」。石造りの階段で、手すりも備えられていますから歩きにくくはありません。

しかし、標高差が70メートルもあり、362段ともなれば、昇るにしろ降りるにしろ、けっして楽ではありません。途中でひと休みできるようにベンチがありますが、バス停でもないのに「国道にベンチ」というのもまた不可思議な話です。

群馬県の前橋から新潟県柏崎に至る国道291号線を新潟に向けて走ると、群馬県のみなかみ町で行き止まりになっています。その先に新潟との県境がありますが、車で通り抜けるどころか、徒歩で先へ進むのも困難です。一方の新潟県側の291号線を群馬に向けて車で走っても南魚沼市で行き止まり。この二つの行き止まりの間に何があるかといえば、谷川連峰の清水峠という難所です。

歴史をさかのぼれば、明治期に内務省告示で「国道8号　東京より新潟港に達する別路線」として開通。幅が6メートルほどあり、馬車が行き交えるほどの道で、当時の政治家や皇族を招いて、盛大な開通式が行われました。ところが、翌月の長雨で土砂崩れ。数年間は修復を試みたものの、雪深い地域で工事が難航したあげく、放棄せざるを得なくなったのです。

その後に国道291号線として再指定されましたが廃道状態で、すでに長い年月が経っています。**地図で見るとわかりますが、291号線は、清水峠をはさんで途切れています。**

さて、国道はやはり日本の大動脈で、日本一長い国道は東京都中央区と青森市を結ぶ4号線で740キロもあります。2位は東京都中央区と大阪市を結ぶ1号線で約650キロ。3位は京都市と山口県下関市を結ぶ9号線の約615キロです。

反対に、距離の短い国道もあります。兵庫県の神戸港から国道2号に至る174号が日本一短い国道で、その距離はわずか187メートル。歩いても3分で「踏破」が可能です。道路法には「重要な港や空港と主要国道とを結ぶ道路を国道とする」という規定があって、立派な国道になっているというわけです。

始発駅の次が終着駅!?　日本一短い鉄道線

山手線の電車は、発車したと思ったら、あっという間に次の駅に到着し、すぐにまた出発……という繰り返しです。

ところが、始発駅を出ると次はもう終点、という電車が存在します。**それが芝山鉄道線です。千葉県成田市にある東成田駅と千葉県山武郡芝山町にある芝山千代田駅とを結ぶ全長2・2キロの単線。**その区間を乗っただけで、路線だけでなく、芝山鉄道株式会社の全線を完乗したことになる、総延長が日本一短い鉄道会社です。

とはいえ、その区間だけを電車が行ったり来たりしているわけではなく、全列車が京成東成田線と相互直通運転をしています。

じつは、芝山鉄道には乗務員がいません。では誰が乗務するかといえば、業務を委託された京成の乗務員が担当しています。省人化が徹底していますね。

ＪＲ各社対抗！　標高が高い駅はどこ？

日本列島を地形的にみると、六割以上が山地。つまり、平野の面積は四割にも満たないのです。となると、「日本列島そのものが一大山脈」という考え方もあるかもしれません。

平地を高速で疾走する新幹線などもありますが、日本の鉄道は山や勾配を克服しながら発展しました。そのため、標高の高いところを走る路線も多くなっています。

そこで、ＪＲ各社の「最も標高の高い駅」を比べてみました。

ＪＲ北海道代表は北海道勇払郡占冠《ゆうふつぐんしむかっぷ》村にあるトマム駅で、標高は５３７メートル。石勝《せきしょう》線の駅で、開業当時は「石勝高原駅」という名でしたが、１９８７年に「トマム駅」となりました。

ＪＲ東日本の代表は長野県にある野辺山駅で、標高１３４５メートル。小海線の駅です。標高1000メートルを超えているなんて、かなりの高さですね。

長野県の中央本線の奈良井駅が標高934メートルで、JR東海では最も標高の高い駅。地元では「東京スカイツリーの634メートルより300メートル高い」と自慢しているそうです。

島根県奥出雲町の三井野原駅がJR西日本の代表。「高天原」という愛称をもつ標高726メートルの駅です。駅のある木次線は、山陰の宍道駅と山陽の広島県備後落合駅を結ぶ路線で、いわゆる「陰陽連絡線」としての役割の一端を担っています。隣駅の出雲坂根駅との間で国道314号線の名物「奥出雲おろちループ」を車窓から楽しめます。

高知県の土讃《どさん》線の繁藤駅が、標高347メートルでJR四国の代表。天坪駅として開業し、やがて現在の駅名に改称されました。「JR四国一」ですが、無人駅です。

熊本県にある豊肥《ほうひ》本線の波野駅がJR九州の代表で、標高は754メートル。豊肥本線の中で最も列車停車数が少ない無人駅です。

結果は、3位がJR九州の波野駅、2位がJR東海の奈良井駅、**優勝はJR東日本の野辺山駅です。**さて、鉄道の旅に出かけてみませんか。

高尾山には日本一も世界一もある！

日本一高い山が富士山なのは小学生でも知っています。ところが、東京都八王子市の高尾山は「日本一」どころか、「世界一」なのを知っていますか。

高尾山に登るとき、登山者の多くは京王高尾線の高尾山口駅を起点とします。そこから歩き始める人もいますが、少し歩いたところにある清滝駅から高尾山駅までのケーブルカーを利用する人、あるいは、山麓駅から山上駅までのリフトを利用する人も少なくありません。

このケーブルカーの最大勾配は６０８パーミル。パーミルというのは千分率で、勾配を表わすときにも使われる単位。「水平距離で１０００メートル進むのに対して、垂直距離が何メートルになるか」というもの。**高尾山ケーブルカーの６０８パーミルは、日本一の急勾配**になります。分度器で角度を測れば、およそ31度です。

「ケーブルカーは鉄道なのか？」という疑問をもつかもしれません。しかし、ケーブルカーは鉄道事業法で「鋼索鉄道」となっています。高尾山のケーブルカーは高尾登山電鉄の鋼索鉄道ですから、れっきとした鉄道です。

高尾山の登山者数は、年間260万人を超えるといわれていますが、この年間登山者数は日本一どころか世界一です。

東京都心からも1時間ほどで行けるという利便性、登山道が整備されていて歩きやすいという快適さ、599メートルという標高は大きな障壁もなく、老若男女を問わず登れることなどが人気となっているのでしょう。インバウンドで日本を訪れた人たちも多く登っていて、古くから修験道の霊山とされてきた高尾山ですが、時

代はずいぶん変わったようです。

これだけ人気で有名な山ですから「日本百名山」のひとつに数えられていそうですが、百名山の選者の深田久弥氏は選んでいません。「選定基準の『品格』『歴史』『個性』はよしとしても、標高が1000メートル以下だったことが選から漏れた理由ではないか」という憶測を聞いたことがあります。

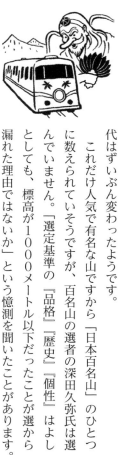

北海道の不思議な駅名　なんて読むの？

北海道の難読駅名クイズです。**「母恋」「和寒」「留辺蘂」「標茶」**を読めますか？

答えは「ぼこい」「わっさむ」「るべしべ」「しべちゃ」です。

「母恋」は室蘭本線の駅で、アイヌ語で「ホッキ貝の群生するところ」という意味の「ポクセイオイ」が地名の由来になっています。

「和寒」は宗谷本線の駅で、地名の由来は「わっ！　寒っ」ではなく「オヒョウニレの木の傍ら」をあらわす「ワッサム」です。

「留辺蘂」は石北本線の駅で、日本で唯一「る」から始まる駅名。やはりアイヌ語で「越えて下っていく道」を意味する「ルペシペ」に由来します。

「標茶」は川上郡標茶町にある釧網本線の駅。「大・河・岸」のアイヌ語「シペッチャ」が地名の由来です。北海道らしい、旅情をそそられる駅名ばかりですね。

日本で最も長いトンネルって、どこ？

「日本で最長の道路トンネルはどこにある？」と訊かれたら、どんな場所を想像しますか。おそらく、奥深い山をくり抜いて掘ったトンネルや、陸路では遠回りになる場所を結ぶ海底トンネルを思い浮かべるのではありませんか。

たしかに、道路トンネルの長さトップ5をみると、次のように山岳トンネルと海底トンネルになっています。

5位の**「栗子《くりこ》トンネル」**は、福島県福島市と山形県米沢市の県境・栗子峠下を通る東北中央自動車道のトンネルで、全長は8972メートル。

4位は**「東京湾アクアトンネル」**で、神奈川県の川崎浮島ジャンクションと千葉県の木更津金田インターチェンジを結ぶ東京湾アクアラインの川崎側にある約9500メートルの海底トンネル。東京湾アクアラインの道路全体の総延長が1万51

00メートルですから、その6割以上がトンネルです。

3位の**「飛騨トンネル」**は、岐阜県の東海北陸自動車道の飛騨清見インターチェンジと白川郷インターチェンジとの間にあり、1万712メートルもの長さがあります。

2位は**「関越トンネル」**です。関越自動車道の群馬県・水上インターチェンジと新潟県・湯沢インターチェンジを結び、1万1055メートルの長さを誇ります。

さて、1位ですが、じつは日本で最も長い自動車トンネルがあるのは東京都内です。**「山手トンネル」**という首都高速中央環状線の大井ジャンクションと高松入口との間にあるトンネルで、全長は1万8200メートル。

道路トンネルとして日本一の長さであると同時に、世界を見ても、ノルウェーのラルダールトンネルに次ぐ2位です。

ルートとしては、ほとんどが山手通りの地下を通っていて、大井ジャンクションと五反田出入口の間では目黒川の地下を通ります。最も深いところは南品川換気所の付近で、地表から約55メートル。

それにしても、首都・東京の地下に日本一のトンネルがあるとは驚きですね。

最低気温
北海道以外で5位に入った場所は？

地球の温暖化が年々進み、世界中で危機的だという声もあがっています。

日本で20世紀末までに記録された最高気温は、山形県の山形市で観測された40・8℃。1933年7月25日のデータですが、この記録がすでに9位にまで下がっています。

21世紀に入ってからは静岡県の浜松市と埼玉県の熊谷市の41・1℃を筆頭に、栃木県、岐阜県、高知県、静岡県、新潟県、東京都で、40・8℃以上が観測されています。この先、最高気温の観測記録は高くなるようですから、熱中症の増加も心配です。

一方、最低気温の観測記録を見ると、1位から10位まで、すべて20世紀、しかも、ひとつを除いてすべて北海道。1位は上川地方の旭川で1902年1月25日に観測されたマイナス41・0℃。翌日には観測史上2位となるマイナス38・2℃が十勝地方の帯広で観測されています。以下、10位までに登場する北海道の地名は、上川地方の江丹別、宗谷地方の歌登、上川地方の幌加内、上川地方の美深、上川地方の和寒、上川地方の下川、宗谷地方の中頓別となっています。

北海道以外で5位に入ったのが静岡県の測候所ですが、どこかわかりますか。

答えは**富士山測候所**です。1981年にマイナス38・0度を観測しています。

気象衛星の発達や、長野県茅野市の車山気象レーダー観測所と静岡県菊川市の牧之原気象レーダー観測所が、それぞれ1999年から運用されていることもあり、富士山測候所は、2004年に自動観測装置が設置されて無人の施設になりました。

しかし、1932年に、中央気象台臨時富士山測候所として開設されて以来、気象観測、台風の予報などに貢献。1936年には富士山の剣ヶ峰に富士山頂気象観測所として移設され、当時、世界一高い場所にある常設気象観測所として、世界中から注目されました。1964年には「富士山レーダー」と呼ばれるドーム型レーダーが設置され、半径700キロもの積乱雲をとらえる性能があることから、台風観測にも力を発揮したことは、多くの人の記憶に残るはずです。

富士山の山頂　静岡と山梨の県境はある？

世界から来日する観光客が口をそろえて言うのが、「富士山を見たい」という希望です。

しかし、Tシャツに短パン、サンダルやハイヒールなど、登山にふさわしくない軽装で登ったり、高山病を考えない弾丸登山をするなど、問題を起こすケースもあるようです。

富士山を眺める場合、一般的には新幹線やJR東海道線、あるいは東名高速道路や中央自動車道の車中からということになるでしょう。

富士山は、静岡県側から見るのが表富士で、山梨県側から見るのが裏富士とされています。これは江戸時代頃からのもので、有名な葛飾北斎の「富嶽百景」にも裏富士という表現が使われているのです。

ところで地図上では、富士山の占める面積は、静岡県と山梨県のどちらが多いのでしょうか。

なんと、富士山の八合目から上では県境が定まっていないそうです。そこで両県民は山頂の帰属について自己主張します。一般的には富士山の面積の多くを占める県のほうが有利と思われますが、両県民の主張は次のようになっています。

静岡県民としては、次のような理由があるそうです。

①　山頂の郵便局は静岡の富士宮郵便局だから

②　山頂にある電話の市外局番は富士宮市の市外局番だから

③　海から富士山を眺められるのは静岡県だから

一方の山梨県民としては、次のような論理を展開しています。

①　富士五湖はすべて山梨県だから

②　山梨県は盆地が多く、どこからでも富士山が見えるから

③　甲府盆地の夜景と富士山がコラボレーションして見事だから

なるほどと納得できそうな理由や、「ん?」と思うような理由まで、両県が意外な主張を繰り広げているのですが、なかなか楽しいですね。

「ご当地富士」は全都道府県にあり！

富士山といえば日本の象徴。3776メートルという日本一の高さも、なだらかに広がる裾野をもつ美しい山容も、見る人を感動させ、信仰の対象にもなっています。外国人旅行者にとっても、たいへん魅力的な山のようです。

「富士は日本各地にある」といわれたら「まさか！」と思うかもしれません。もちろん、静岡県と山梨県にまたがる富士山はひとつです。しかし「郷土富士」「ふるさと富士」「ご当地富士」などと呼ばれる「富士」が、すべての都道府県にあり、その数は、300とも400とも、あるいはそれ以上ともいわれているのです。

「蝦夷富士」と呼ばれるのが北海道の羊蹄山。標高1898メートルの山で、日本百名山にも数えられています。

「津軽富士」が岩木山。青森県の最高峰で標高は1625メートル。

「出羽富士」は秋田県と山形県にまたがる鳥海山。山形県からも望めるため山形の人は「庄内富士」と呼んでいます。

「会津富士」は福島県の磐梯山。標高は1816メートルで、県のシンボルのひとつです。

「日光富士」は栃木県の男体山。中禅寺湖の北岸に位置します。日光連山の女峯山、太郎山と合わせて「日光三山」と呼ばれています。

長野県では、有明山も黒姫山も**「信濃富士」**と呼ばれています。また、蓼科山は**「諏訪富士」**と呼ばれています。

「伊賀富士」は三重県の尼ヶ岳。伊賀市と津市とにまたがる標高1000メートルにも満たない山ですが、形そのものは、たしかに富士山に似ています。

「都富士」と呼ばれるのは京都府・滋賀県の比叡山。山頂に雪が積もっている時期は、まさに富士山です。

「石見富士」は島根県の三瓶山で、佐比売山とも呼ばれます。「国引き神話」が伝えられる山です。

「阿波富士」は徳島県の高越山。「こうつさん」と読み、地元の人たちからは「おこーつぁん」と呼ばれています。

「豊後富士」は大分県の由布岳。由布市と別府市との間にあり『豊後国風土記』や『万葉集』にも登場する名峰です。

「薩摩富士」は鹿児島県の開聞岳。薩摩半島で最も高い、標高924メートルの山で、みごとな円錐の山容の美しさは感動ものです。温泉でも有名な指宿市にありますが、この市名も難読で「いぶすき」と読みます。

「与那国富士」と呼ばれるのは沖縄県の宇良部岳で八重山列島の与那国島にあります。宇良部岳の標高は231メートルで、山岳信仰の霊峰です。与那国島は日本最西端の島ですから、宇良部岳は「日本最西端の富士」ということになります。

さて、変わったところでは**「洞内《どうない》富士」**があります。山口県の秋芳洞の洞内にある「富士」。まるで頂上が雲で隠されたように見えます。富士山の正体は「石筍」と呼ばれる天井からの水滴中の石灰分が床に積もってタケノコ状になったもの。そして、雲の正体は石灰で真っ白になった天井。1万年から2万年という長い年月をかけてできた「富士」。水は滴り続けていますから、今後も「標高」は高くなっていきます。

日本で唯一、電車が走っていない県って？

ＳＬこと蒸気機関車が定期運用から姿を消したのは１９７５年（昭和50年）のこと。旅客列車は電車や気動車（ディーゼルカー）、あるいは電気機関車・ディーゼル機関車が牽引する客車になりました。これが「無煙化」です。

たしかに、電車や気動車は蒸気機関車よりもエネルギー効率がよく、また、蒸気機関車のように煤煙を出すこともありません。ところが、いいことずくめだったはずの「無煙化」ですが、１９７９年（昭和54年）に蒸気機関車が復活し、臨時快速列車の「ＳＬやまぐち号」を牽引して大好評。以後、各地でＳＬが臨時列車やイベント列車の先頭に立つ姿が見られるようになり、多くのＳＬファンを喜ばせています。

さて、鉄道が単なる移動手段の人にとっては、乗っている車両が電車だろうと気動車だろうと関係ないと思いますが、簡単にいえば「電気でモーターを動かして走るのが電車」「ディーゼルエンジンを搭載し、軽油などを燃料とするのがディーゼルカー（気動車）」です。電車の動力源は電気で、架線からパンタグラフを使って集電するか、第三軌条という給電用レールから集電靴と呼ばれる装置で集電することになります。つまり、架線や第三軌条などの電化設備が必要になります。それでも電化が進められたのは、エネルギー効率を上げ、列車の高速化が可能だったため。しかし、すべての路線を電化するとなれば、多額の設備投資が必要です。

そこで力を発揮するのがディーゼルカー。電化設備のないところでも走れます。また、ディーゼルカーも電車も、動力分散方式が可能で乗り心地も悪くありません。

47都道府県のなかで、間違いなく鉄道電化率100パーセントの県が沖縄県です。「ゆいレール」こと沖縄都市モノレールは全線電化されています。

一方、**鉄道は通っていても、電化路線がないのが徳島県。**日本で唯一「電車の走っていない県」ということになりますが、ディーゼルカーが活躍しているのです。

青森県から山口県まで陸路で行くと、必ず通る県は？

本州の北端である青森県から最西端の山口県へ陸路で向かうときに、必ず通らなければならない県がひとつだけあります。何県かわかりますか。

たとえば、新青森から東京まで東北新幹線を利用すれば、青森、岩手、宮城、福島、栃木、茨城、埼玉の各県を通り、東京都に入ります。この場合、秋田、山形、新潟、群馬の各県を通ることはありません。

という具合に、ルートや交通手段を問わず「陸路」という条件だけですが、どうしても通らざるを得ない……というのが**兵庫県**。北は日本海、南は大阪湾と播磨灘に面しているからです。

兵庫県のように、北も南も海に接している県があると思えば、「海なし県」もあります。「栃木、群馬、埼玉、山梨、長野、岐阜、滋賀、奈良」の8県です。

貴重な「現存天守」が残るお城

「一国一城の主」といえば戦国武将の夢であり、現代でも大人の目標のひとつとして使われる言葉です。

平安時代までの貴族社会は、その後、武士の時代へと移り、日本各地に城郭が造られるようになります。

鎌倉、室町、戦国、安土桃山の時代を経て、戦乱の世を平定したのが徳川家康でした。江戸幕府を開いた家康は、大名たちの戦力を削減させるために、一国一城令を制定し、その結果４００もの城が破壊されたといわれています。

現在でも、一般客が見学できる城は２００ほどありますが、かつての城の数からすると寂しい話です。

日本の城の天守（天守閣）のうち、江戸時代またはそれ以前に造られ、現代まで保存されている天守を**「現存天守」**と呼びます。300年以上の年月を経て、風雪に耐えただけではなく、地震や台風などの災害、あるいは空襲を経験した歴史の証人ともいうべき貴重な存在で、日本全国に、わずか12しかありません。

まずは**青森県弘前市の弘前城**。桜の名所としても知られ、多くの観光客が訪れます。別名は「高岡城」あるいは「鷹岡城」。築城は1611年と伝えられ、長きにわたり津軽氏の居城でした。東北地方で唯一の現存天守でもあります。

続いて**長野県松本市の松本城**。天守は国宝にも指定されています。

福井県坂井市にあるのが丸岡城。織田信長の家臣で、越前の地を支配していた柴田勝家の甥である柴田勝豊の築城と伝えられています。

愛知県犬山市の犬山城は、明治政府の廃城令で櫓《やぐら》や城門などを失いましたが、天守は残り、国宝に指定されました。

滋賀県彦根市にある彦根城は、歴代の城主が井伊氏。天守は国宝に指定されています。

「白鷺《しらさぎ》城」の名で広く知られているのが兵庫県姫路市の姫路城。太平洋戦争中に米軍の空襲を受けながらも焼失を免れました。天守は国宝です。

島根県松江市に残るのが松江城。山陰で唯一の現存天守で、国宝に指定されています。「千鳥城」という別名があります。

岡山県高梁《たかはし》市にある備中松山城は、1240年の築城という長い歴史をもつ城で別名「高梁城」。「日本三大山城」のひとつにも数えられています。

香川県丸亀市に残るのが丸亀城。亀山という山にあり、「亀山城」という別名があります。

愛媛県には現存天守が二つあります。ひとつは**松山市の伊予松山城**で、勝山という山に築かれたことから「勝山城」と呼ばれたり、城の堀に金の亀がいたという伝説から「金亀城」と呼ばれたりします。もうひとつは**宇和島市の宇和島城**で「鶴島城」という別名があります。

最後は**高知市の高知城。**屋根瓦がグレーで漆喰壁が白という色合いが鷹に似ていることから「鷹城」の別名があります。

瀬戸大橋がギネス世界記録に認定されたワケ

本州と四国を結ぶには、「神戸・鳴門ルート」「児島・坂出ルート」「尾道・今治ルート」の三つがあります。**鉄道が通っているのは、児島・坂出ルートの通称「瀬戸大橋」だけ**です。瀬戸大橋はひとつの橋ではなく、岡山県倉敷市と香川県坂出市を結ぶ10の橋の総称で、1988年に開通しました。修学旅行の小学生など168名の犠牲者を出した1955年の紫雲丸《しうんまる》事故から33年後のことです。

全長12・3キロメートルという大規模なもので「世界一長い鉄道道路併用橋」としてギネス世界記録に認定され、日本の20世紀遺産にも選ばれています。

鉄道の話としては、太平洋戦争中には関門トンネルが完成しており、1988年3月には青函トンネル、同年4月に瀬戸大橋が開通したことで、ついに北海道・本州・四国・九州がレールでつながったのです。

参考文献

『なぜ？　どうして！　あなたも知らない県民力』本郷陽二（有楽出版社）
『県民性の本』幸運社（ぶんか社）
『奇妙な祭り』杉岡幸徳（角川書店）
『ニッポンの奇祭』小林紀晴（講談社）
『県民性仕事術』岩中祥史（中央公論新社）
『知らなかった！　驚いた！　日本全国「県境」の謎』浅井建爾（実業之日本社）
『日本全国「へぇ、そうだったのか！」雑学』こんなに知っている委員会（ＫＡＤＯＫＡＷＡ）
『県民性の人間学』祖父江孝男（新潮社）
『雑学全書』エンサイクロネット・編（光文社）
『(珍) 地名　無用の雑学知識　日本篇』地名ルーツお調べ隊・編（ＫＫベストセラーズ）
『日本地図の楽しい読み方１・２』ロム・インターナショナル・編（河出書房新社）
『京都人と大阪人と神戸人』丹波元（ＰＨＰ研究所）
『新・出身県でわかる人の性格』岩中祥史（草思社）
『札幌学』岩中祥史（新潮社）
『「県民性」がわかる！　おもしろ歴史雑学』三浦竜＆日本史倶楽部（三笠書房）
『日本全国「難読駅名」の旅』鉄道漢字を愛する会（徳間書店）
『つい誰かに話したくなる日本の教養・雑学大全』幸運社・編（三笠書房）
『雑学大王　日本史編』雑学総研（ＫＡＤＯＫＡＷＡ）
『博多学』岩中祥史（新潮社）
『大人の地図脳ドリル』Ｇｒｏｕｐ２１（池田書店）
『北海道から沖縄県まで　日本全国「ヨイショ」のツボ』岩中祥史（祥伝社）
『踏んだら最後！　県民性の地雷原』岩中祥史（ダイヤモンド社）
『鹿児島学』岩中祥史（草思社）

『なるほど知図帳日本　ニュースがわかる日本地図』昭文社　出版メディア編集部・編（昭文社）
『鉄道地図は謎だらけ』所澤秀樹（光文社）
『旅がもっと楽しくなる駅名おもしろ話』所澤秀樹（光文社）
『突撃！　カネオくん　お金でみる都道府県データ図鑑』監修・伊藤賀一（宝島社）
『あなたの知らない長野県の歴史』監修・山本博文（洋泉社）
『長野「地理・地名・地図」の謎』編者・原智子（実業之日本社）
『長野県の歴史』著者・古川貞雄・福島正樹・井原今朝男・青木歳幸・小平千文（山川出版社）
「JR時刻表」（交通新聞社）
「鉄道ダイヤ情報」（交通新聞社）

経済産業省「工業統計調査」ttps://www.meti.go.jp/statistics/tyo/kougyo/
経済産業省「経済構造実態調査」（METI/経済産業省）
総務省統計局「国勢調査」ttps://www.stat.go.jp/data/kokusei/2020/index.html
総務省統計局「人口推計」https://www.stat.go.jp/data/jinsui/
総務省統計局「社会生活基本調査」統計局ホームページ／令和3年社会生活基本調査（stat.go.jp）
総務省統計局「家計調査報告　家計収支編」統計局ホームページ／家計調査年報（家計収支編）2023年（令和5年）（stat.go.jp）
総務省統計局「経済センサス　基礎調査」統計局ホームページ／経済センサス‐基礎調査（stat.go.jp）
厚生労働省「厚生労働白書」白書、年次報告書｜厚生労働省（mhlw.go.jp）
国税庁「統計情報」国税庁統計情報｜国税庁（nta.go.jp）
農林水産省「統計情報」統計情報：農林水産省（maff.go.jp）
鯖江市役所　https://www.city.sabae.fukui.jp/
鳥取県　とりネット／鳥取県公式サイト（tottori.lg.jp）
NHK「首都圏NEWS　WEB」https://www3.nhk.or.jp/shutoken-news

＊本書は、本文庫のために書き下ろされたものです。

幸運社（こううんしゃ）
ビジネス・歴史・社会・言語・健康など、あらゆる分野に好奇の触手を伸ばす制作集団。基礎的な知識から高度な情報提供まで、ビジネス全般から日々の暮らしについて役立つ広範囲な執筆活動を展開している。
主な編著書に『できる人の仕事の基本ワザ大全』『お金に愛される お金持ちの考え方大全』『つい誰かに話したくなる 日本の教養・雑学大全』（以上、三笠書房《知的生きかた文庫》）、『大人のマナー常識513』『これが日本の実力！　世界なんでもランキング100』（以上、PHP文庫）、『必ず感動する言葉が見つかる座右の銘2000』（中経の文庫）など。

知的生きかた文庫

日本全国《にほんぜんこく》　ご当地《とうち》おもしろ雑学《ざつがく》

編　者　幸運社《こううんしゃ》
発行者　押鐘太陽
発行所　株式会社三笠書房
〒一〇二-〇〇七二　東京都千代田区飯田橋三-三-一
電話〇三-五二二六-五七三四〈営業部〉
〇三-五二二六-五七三一〈編集部〉
https://www.mikasashobo.co.jp
印刷　誠宏印刷
製本　若林製本工場

ISBN978-4-8379-8893-9 C0130

知的生きかた文庫

時間を忘れるほど面白い 雑学の本
竹内 均【編】
1分で頭と心に「知的な興奮」！ 身近に使う言葉や、何気なく見ているものの面白い裏側を紹介。毎日がもっと楽しくなるネタが満載の一冊です！

アタマが1分でやわらかくなる すごい雑学
坪内忠太
「飲み屋のちょうちんは、なぜ赤色か？」「朝日はまぶしいのに、なぜ夕日はまぶしくないか？」など、脳を鍛えるネタ満載！ どこでも読めて、雑談上手になれる1冊。

東大脳クイズ ――「知識」と「思考力」がいっきに身につく
QuizKnock
東大発の知識集団による、解けば解くほどクセになる「神クイズ348問」！ 東大生との真剣バトルが楽しめる、「東大生正解率」つき。さあ、君は何問解けるか⁉

おもしろ雑学 日本地図のすごい読み方
ライフサイエンス
「階段なのに国道になっている道がある？」「和歌山県のある村は、丸ごと他県の飛び地に？」――県境・地名・交通・歴史など東西南北、日本全国の「へぇ～」が大集合！

おもしろ雑学 世界地図のすごい読み方
ライフサイエンス
気候や風土の珍現象から、国境や国名をめぐる複雑な事情、一度は訪問したいおもしろスポットまで、世界各地の「へぇ～」な仰天ネタが大集合！

C50495

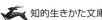